什么是半殖民地半封建社会

主　　编　闫　玉
副 主 编　孔德生　王雪军
本册作者　郑凯旋

中华工商联合出版社

图书在版编目（CIP）数据

什么是半殖民地半封建社会 / 郑凯旋编著. --北京：
中华工商联合出版社，2014.3
ISBN 978-7-80249-990-4

Ⅰ．①什… Ⅱ．①郑… Ⅲ．①中国历史－近代史－通俗读物 Ⅳ．①K250.9

中国版本图书馆 CIP 数据核字（2014）第 034643 号

什么是半殖民地半封建社会

作　　者：	郑凯旋
出 品 人：	徐　潜
策划编辑：	魏鸿鸣
责任编辑：	林　立
封面设计：	徐　超
责任审读：	李　征
责任印制：	迈致红
出版发行：	中华工商联合出版社有限责任公司
印　　刷：	固安县云鼎印刷有限公司
版　　次：	2014 年 4 月第 1 版
印　　次：	2021 年 10 月第 2 次印刷
开　　本：	155mm×220mm　1/16
字　　数：	72 千字
印　　张：	11
书　　号：	ISBN 978-7-80249-990-4
定　　价：	38.00 元

服务热线：010－58301130
销售热线：010－58302813
地址邮编：北京市西城区西环广场 A 座
　　　　　19－20 层，100044
http://www.chgslcbs.cn
E-mail：cicap1202@sina.com（营销中心）
E-mail：gslzbs@sina.com（总编室）

工商联版图书
版权所有　侵权必究

凡本社图书出现印装质量问题，请与印务部联系。

联系电话：010－58302915

目 录 *Contents*

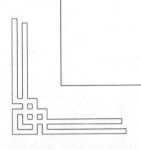

前　言

　　19 世纪初，清王朝迅速衰败。英国在这一时期向中国大量输入鸦片，清政府力图查禁鸦片。英国为保护鸦片贸易，于 1840 年对中国发动侵略战争，清政府最后同英国政府签订了丧权辱国的《中英南京条约》，标志着中国进入半殖民地半封建社会时期。鸦片战争之后，先后又爆发了侵略中国的第二次鸦片战争（1856～1860 年）、中法战争（1884～1885 年）、中日甲午战争（1894～1895 年）和八国联军侵华战争（1900～1901 年），英、美、法、俄、日等国家不断强迫清政府签订各种不平等条约。中国半殖民地半封建社会的苦难进一步加深。

为了抗击外来的侵略者，推翻腐败无能的清王朝，中国各阶层人民先后开展救亡图存运动。以农民为主体的广州三元里人民抗英以及太平天国、义和团等反帝反封建的爱国运动，沉重打击了帝国主义和封建主义势力。以曾国藩、张之洞、李鸿章、左宗棠等为代表的洋务派，以"自强"和"求富"为口号，发起洋务运动以维护清朝的统治，虽以失败告终，但在客观上促进了中国的近代化。康有为、梁启超、谭嗣同等新兴的资产阶级改良派在光绪皇帝支持下进行了"戊戌变法"，虽只有 103 天就以失败告终，但它的思想启蒙作用，极大地推动了资产阶级思想在中国的传播。

资产阶级民主革命的先行者孙中山 1911 年领导的辛亥革命，推翻了清王朝的统治，结束了延续 2300 多年的封建君主专制制度，建立了中华民国，这是中国近代史上最伟大的事件之一。但由于资产阶级的软弱性，中华民国的政权落入以袁世凯为首的北洋军阀手中，中国历史进入了北洋军阀的黑暗统治时期。国内军阀派系林立，政治腐败无能，统治黑暗；国外帝国主义对中国分而治之，扶植自己的代理人，造成中国连年内战，人民处于水深火热之中。

1917 年俄国爆发十月革命，建立了苏维埃社会主义政权。革命成功后，马克思列宁主义和革命思想一起传播到中国，出现了李大钊、陈独秀、毛泽东等一大批研究和宣传马克思列宁主义的进步知识分子。此后，各地相继建立了共产主义小组，为中国共产党的成立奠定了组织基础。

1919 年 5 月 4 日，爆发了中国近代以来第一场彻底的反帝反封建的"五四"爱国运动，标志着中国进入新民主主义革命时期。它同时引发各种新思潮进入中国，其中最引人注目的是马克思列宁主义在中国的传播。1921 年，毛泽东等 12 人代表各地的共产主义小组在上海举行第一次全国代表大会，中国共产党诞生。

中国共产党在领导中国人民进行新民主主义革命过程中，经历了北伐战争（1924～1927年）、土地革命战争（1927～1937年）、抗日战争（1937～1945年）和全国解放战争（1945～1949年）四个历史阶段。抗日战争时期，中国共产党与国民党合作共同抗击侵略者，赢得了抗日战争胜利。抗日战争胜利以后，国民党为维护其一党专政发动内战，中国共产党经过3年解放战争，推翻了国民党政府。1949年10月1日，中华人民共和国成立，半殖民地半封建的社会形态彻底宣告终结，中国从此进入了一个崭新的历史时期。

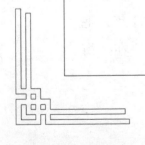

一、中国半殖民地半封建社会的历史进程

（一）中国灿烂的古代文明与封建社会的衰败

1. 中国灿烂的古代文明

中国是世界文明发源最早的四大文明古国之一。中华民族曾创造出光辉灿烂的古代文

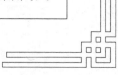

明，对世界文明的发展做出过举世公认的重大贡献。

　　大约170万年前，在古老的中国大地上初露出人类黎明的曙光。元谋猿人、蓝田猿人、北京猿人开始用他们的双手创造了我们祖国的最早历史。公元前两千多年，黄河之滨、长江两岸的中华儿女已经摆脱野蛮蒙昧，跨进了文明社会，形成了自己的国家。奴隶制的夏王朝的建立，使我国成为世界四大文明古国之一。中国的农业、畜牧业在这时已很发达，是世界上最大的物种起源中心；中国的手工业也达到世界先进水平；中国的文字已经成熟，甲骨文的形体结构和造字方式为后世汉字和书法的发展奠定了基础。

　　到公元前10世纪，中国已成为规模宏大、高度文明的东方大国。分布在黄河、长江流域的中国各民族，经过夏、商、周三朝的不断发展，逐渐融合为以商、周族为核心的华夏族（即汉族的前身），并在长期的历史发展中，和其他民族融合成为伟大的中华民族。此后，中华民族经历了几千年的风风雨雨，一直稳固地凝结在一起，保持着伟大民族的生机和活力。

在公元前5世纪，中国又迈入了一个新的历史时期，奴隶制度逐渐为封建制度所代替。而当时的欧洲许多地区，还处在原始公社制或其解体时期。公元前221年，秦始皇统一了中国，建立起中央集权的封建帝国。中国近现代史论以后中国又经历了汉、三国、两晋、南北朝、隋、唐、五代十国、宋、元、明、清的朝代更替。

古代中国涌现出一个又一个世界历史中少见的太平盛世，比如西汉的文景之治，唐朝的贞观之治。具有强大国势的中国屹立于世界的东方，居世界发展的前列，曾是许多国家学习的榜样。在历史发展的长河中，中华民族一向以勤劳勇敢和聪明才智闻名于世。我们的祖先有过许许多多伟大的发明和创造，许多农业耕作技术长期领先于世界；许多传统手工业产品在世界上久负盛名；我国人民以自己的勤奋造就了古代繁荣昌盛的经济和科学技术，古代中国的经济和科技在很长一段时间，都居于整个世界发展的前列，并对东方乃至整个世界的发展产生过深远的影响，做出过重大的贡献。

英国科学家李约瑟说过，中国的科学"远远超过同时代的欧洲，特别是在 15 世纪之前更是如此"。马克思也指出，火药、指南针、印刷术的发明"是资产阶级发展的必要先决条件"。古代中国对人类的贡献是巨大的、不可磨灭的。中华民族又是一个酷爱自由、富有革命传统的民族。在漫长的历史进程中，中国人民为了反抗统治阶级残酷的剥削和压迫，举行过无数次起义，每一次起义都沉重地打击了没落王朝的统治，不断推动中国社会向前迈进和发展。中华民族坚决反对民族侵略和民族压迫，用自己的英勇斗争捍卫国家的独立。

中国是世界上所有文明古国中唯一的一个文化没有中断、没有被灭亡过的国家。为了捍卫自己的独立、自由和和平，历史上曾经涌现出无数的民族英雄和革命领袖。每当中华民族面临灭亡威胁的紧要关头，中国人民的爱国主义信念总是更加坚定。人民英勇豪迈的战斗精神和强烈鲜明的爱与憎，谱写了历史上最动人心魄的壮丽篇章。中华民族还是一个以高尚的精神文明和优良的文化传统著称世界的民族。

中国有着长达五千年有文字记载的历史，中国人自古就讲礼仪、讲道德、重气节、重个人修养。早在孔孟之时就有"己所不欲，勿施于人"的信条，历来提倡修身、养性、齐家、治国、平天下，强调良知良能。不仅如此，中国还有着灿烂的文化。春秋的《诗经》、战国的《楚辞》与诸子散文、秦汉的《汉书》《史记》，就连战火纷飞的三国、两晋、南北朝，也有词语华丽的词赋和民谣，之后的唐诗宋词、元曲杂剧、明清小说，更是称誉全球。古代中国的文化艺术，多似汗牛充栋，好似瑰宝闪光。

2. 中国封建社会的逐渐衰败

在历史发展的长河中，每一个民族，每一个国家都有如逆水行舟，不进则退，它不允许任何的故步自封、发展缓慢和停滞不前。中国封建社会从公元前 475 年春秋战国之际开始，经过漫长发展，到了明朝中叶，已是强弩之末。十五六世纪中国文明虽然仍旧跻身于世界文明的前列，但是，中西方历史的发展已经出现了不同的转向。17 世纪 40 年代，在中国，李自成领导的农民起义推翻了明王朝，但封建统治的历史并未结束。满洲贵族入关后，先后镇压了各地的农民起义和明朝残余势力，建立起仍然是封建王朝的清朝。封建主义的清王朝经过了短暂的兴盛而日趋衰落。鸦片战争前，中国在清王朝的统治下虽然还是一个独立自主的封建国家，但整个封建社会的肌体已是千疮百孔，腐朽不堪。清王朝自乾隆末年开始，明显由兴盛转向衰落。

1）中国封建社会衰败的主要表现。

①经济上，封建地主土地所有制和自给自足的经济，严重阻碍了社会生产力的发展。清朝时期，土地兼并更加激烈。乾隆、嘉庆之际，大学士和珅占地 8000 余顷；道光年间，

直隶总督琦善占地 25000 余顷。至于占地几千、几万亩的地主，则数不胜数。清朝统治者用武力强行圈占土地，并把强行占来约为全国 1/10 的土地分封给皇亲贵族、八旗首领。地主和封建官僚拼命进行土地兼并，迅速聚敛财富，广大农民失去土地，只能成为地主豪绅的佃耕户，交纳极其高额的地租。

乾隆时，湖南巡抚杨锡级说："近日田之归于富户者，大约十之五六；旧时有田之人，今俱为佃耕之户。"清朝的地租率一般都在 50％以上，有的甚至高达 60％～70％，除地租以外，清王朝还有很重的赋税。名目繁多的苛捐杂税，难以计数的徭役，贪官污吏的敲诈勒索，使农业生产极度萎缩，广大农民处在水深火热之中，过着极为贫困的生活。

地主阶级的残酷剥削又进一步造成小农业和家庭手工业的紧密结合。广大农民单靠农业生产已难以维持最起码的生存，必须同时从事家庭手工业"以织助耕"。这种小农业和家庭手工业的结合，生产规模小，生产条件恶劣，生产技术低下，使我国生产力与世界发展水平差距日益增大，而且还阻碍了在封建社会内部早已萌芽几百年的新的资本主义因素的发展，整个社会生产处于停滞不前状况。

②政治上，封建社会末期的清王朝统治极其腐败，危机四伏。清王朝统治者变本加厉推行高度集权的封建专制制度，使专制统治更加残暴，成为中国封建专制统治的最高峰。另一方面，吏治日益腐败。上上下下的官吏，贪赃枉法，贿赂盛行，追逐利禄，搜刮钱财，无所不用其极。清王朝的腐朽统治，使阶级矛盾日趋尖锐，自 18 世纪末～19 世纪初，农民起义此起彼伏。1796 年爆发的白莲教大起义，遍及鄂、川、豫、陕、甘五个省，参加群众数十万，绵延近十年。1813 年爆发的天理会起义，波及豫、鲁、冀等省。战乱持续不断，社会动荡不安，清王朝摇摇欲坠。

军事上，清王朝军备废弛，军力衰败。鸦片战争前，清朝拥有 22 万八旗兵和 66 万绿营兵。绿营兵只知道抢掠百姓，八旗兵过着不劳而获的寄生生活。军队中甚至出现了骑兵没有马，水勇不习水，武器生锈，炮台失修的严重现象；若遇检阅操练，骑兵临时雇寻马匹，水勇雇寻渔户冒名顶替。至于沿海水师，也大都老弱无用，战船多半是薄板旧钉钉成，遇击即破。这样的军队完全失去了战斗力。

③思想文化上，清王朝文化的极端专制程度，超过了历代封建王朝。封建统治者推行文化专制政策，一方面极力宣扬和推崇以"三纲五常"为核心的程朱理学，禁锢人民的思想，并以科举制度引诱知识阶层钻进四书五经，揣摩八股程式，心志受到极大的束缚；另一方面大兴文字狱，罗织罪名，对流露不满情绪者、评议时政者，大肆杀戮和株连，制造极端恐怖气氛，造成思想学术界万马齐喑、死气沉沉的局面。

对外关系上，清朝长期实行闭关锁国政策，严格控制和限制中国商人的进出口贸易，阻碍中外经济交往和民族经济的发展。这种政策，故步自封、夜郎自大，拒绝借鉴一切外来的先进制度，拒绝学习外来的先进思想文化和科学技术，表现出封建统治者极端的顽固、愚昧和腐朽。鸦片战争前的清王朝已是气息奄奄，处于全面崩溃的前夜。腐朽黑暗的封建统治、国家的贫穷落后使得中国在外敌的侵略面前毫无还手之力，只有任人欺凌。

2）中国封建社会衰败的主要原因。

①封建的经济制度和经济政策导致了封建社会经济发展的迟缓。

封建地主土地所有制成为生产力发展的桎梏。土地在封建社会是主要的生产资料，是社会财富。中国封建社会中，地主土地所有制是封建社会的经济基础。在这种经济制度中，地主阶级所追求的是从农民身上榨取更多的地租，以满足自己的需要。根本不关心生产工具的改进、耕作技术的提高、社会的扩大再生产等。广大无地的农民靠租种地主的土地为生，在地主残酷的剥削下，过着衣不遮体、食不果腹的贫困生活，也没有改进生产工具，提高耕作技术的条件和生产积极性。

因此，封建社会的生产只能是数千年不变的简单再生产，采用以小农具和畜耕为主的生产工具和落后的耕作技术，生产力水平极为低下，生产长期停滞不前。传统的自然经济也是导致中国封建社会经济长期停滞的重要原因。以农业和家庭手工业结合为特征，以一家一户为基本生产单位，以自给自足为最高经济原则的自然经济，构成封建社会的基本经济结构。这种经济结构随着社会发展表现出很大的落后性。农民直接生产自己所需要的生活资料和大部分生产资料，相互间没有太多联系，很少把劳动产品投入市场交换。地主从农民那里剥削来的劳动成果也主要用于自己享受，这种经济方式限制了商品经济的发展，资本主义的萌芽始终不能健康成长。

另外，在这种经济条件下，生产规模小，基础薄弱，人民的消费水平只能维持在生存的水平，既不能抗拒自然灾害的侵袭，又不能合理使用土地，改良和提高生产技术，形成规模经营。正如毛泽东所说，这种分散的个体生产，就是封建统治的经济基础。在自给自足的自然经济条件下，农村对采用先进技术既无能力，又无需要。中国的小生产本小利薄，不敢贸然采用新技术，开发新产品，也经不起竞争的风险，害怕在竞争中失败和破产。由此决定了农业生产技术水平难以有质的飞跃，更不可能有科学层次上的突破。而封建统治者和地主阶级只是关心赋税和收租，对科学技术发展漠不关心，并视西方先进科技为"奇技淫巧"、"害我心术"，严禁引进，严重阻碍了我国与其他国家的经济和技术交流，影响了我国吸收、借鉴国际先进技术。

据史料记载，早在两千多年前，中国农业生产技术，生产组织形式，生产力水平，以及经济发展水平，几乎与近代中国基本相同，至多只是细微的量变，中国封建社会的经济发展犹如蜗牛爬行。"重农抑商"政策影响着中国经济的提升。小农经济是中国封建社会经济生活的基础。为了维护封建社会的经济基础，把农民牢固地束缚在土地上，历代封建统治者都推行"重农抑商"政策。社会各阶层排列顺序是士、农、工、商，商人地位最低。封建统治者对工商业实行严厉的勒索和压榨，又采用官办、专营等手段严格控制商业的发展。广大农民为维持生计，只得从事农业和家庭手工业相结合的自给自足的自然经济，也限制了商品经济发展。

上有封建经济结构和经济政策的压抑，下有自然经济的肥沃土壤，中国商品经济无法充分发展，长期处于停滞状态中。"闭关锁国"政策阻碍了中国经济的发展。封建统治者津津乐道地在其传统的自然经济和封建统治内转圈，他们既不了解世界的状况，也不需要进口外国物品，更不需要出口中国物品，中国封建统治者对开拓国际市场毫无兴趣。清王朝的财政收入主要来源于农业税，商业和贸易收入甚少。

近代中国闭关锁国政策的结果，一方面使中国长期孤立于世界潮流之外，不利于中国人民了解世界、学习世界和走向世界，影响了中外政治、经济、文化的正常往来，阻碍了先进技术的传入；另一方面，还阻碍和破坏了中国封建社会内部资本主义的发展，这是造成近代中国经济落后的重要原因。

②封建专制主义和宗法制度极大地束缚了封建社会的发展。

中央集权的专制主义是中国封建社会政治统治的基本政治制度。在这种政治制度下，皇帝拥有至高无上的权力，个人专制的皇帝可借助层层官僚机构来统治全社会，支配全体社会成员，成为社会的主宰和绝对权威。这种专制制度在明清时期得到了进一步加强，全国形成庞大的等级森严的统治政权机构。

这种政治权力机构，保护封建地主所有制，维护自给自足的自然经济，打击和扼杀反对封建统治的新因素和新事物，镇压人民的反抗。为了维持庞大的封建专制机构的运转，统治者拼命加重对农民的剥削和奴役，农民贫困加深，对生产力发展造成极大的破坏。封建宗法制度束缚了封建社会的发展。以一家一户为基本单位的自然经济，使家庭在社会生活中占据极为重要的地位。

封建宗法制度，通过家庭、家族、亲属及逐级放大而形成的多层次的社会关系形式，形成封建社会的社会结构。

它强化了以家庭为核心的多层次社会关系不平等现象和不平等的人际关系。

封建专制统治下的中国，是一个个人专断、愚昧盲从和迷信盛行的国家，也是一个权力无限、滥用权力、没有监督和法制的国家。

③封建的意识形态延缓了封建社会的发展。

中国封建社会的传统意识形态，是在中国传统的经济、政治基础上，以儒家思想为主干，融合其他学说而逐渐形成的。这种思想在历史上曾经为中华民族的进步和走向世界前列发挥过重大作用。但它毕竟是一种小农经济和封建专制基础上形成的意识形态，随着历史的发展，它已成为中华民族前进的巨大包袱，阻碍中国向现代化的转化。

封建意识形态崇尚平均主义和重农抑商，确保自然经济的稳定，防止小农经济的瓦解，造成社会经济结构的单一性和不变性，阻碍新的生产关系的产生。这种思想崇尚皇权和等级观念，它使社会中人与人的关系不平等，一极是随心所欲的强制，另一极是奴隶式的屈从，层层等级和权力的重压，扼杀了种种变革和创新。它压制民智，忽视科技人才培养，不利于科技的进步。中国传统思想文化中的封建精神糟粕成为中国社会前进的极大重负。

3. 世界资本主义的发展与殖民扩张

正当中国封建社会停滞不前，清王朝江河日下之时，欧美的资产阶级却迅速发展。

英国在 17 世纪 40 年代爆发资产阶级革命，推翻了封建统治。经过约半个世纪与封建残余势力的较量，资产阶级最后确立了统治地位，资本主义制度得到巩固。18 世纪 80 年代英国出现"工业革命"，机器工业逐渐取代工场手工业，工业生产发展突飞猛进。据统计，

1820 年英国工业生产量占世界工业生产总额的 18％。到 1840 年，英国贸易占世界贸易总额的 25％，成为当时世界上最强大的资本主义国家。

法国于 1789 年爆发资产阶级革命，建立了资产阶级政权，为资本主义的发展开辟了广阔的前景。19 世纪初，法国工业生产开始应用蒸汽机，使工业生产大幅度增长。到 19 世纪 40 年代，法国成为当时仅次于英国的资本主义工业国家。

美国于 1776 年 7 月 4 日发表"独立宣言"，在反对英国殖民战争胜利的基础上，在美洲建立了第一个独立的资产阶级共和国——美利坚合众国。美国的工业起步虽然较晚，但发展速度却很快。它的农业机器生产数量迅速超过欧洲各国。至 1850 年，铁路总长 15000 公里，居世界第一。

伴随着资本主义的诞生，社会生产力有了迅速的发展。马克思曾经指出：资产阶级在它不到一百年的阶级统治中所创造的生产力，比过去一切时代创造的全部生产力还要多、还要大。

血腥的殖民掠夺是资本主义原始积累的基本形式，不断寻求新的原料产地和商品市场，征服殖民地，是资本主义发展的重要条件。特别是生产力的空前发展，大批海外市场的涌现，国内市场的相对狭小，必然导致资本主义国家疯狂地扩张侵略和残酷地殖民掠夺。正如列宁所说，资本主义如果不经常扩大其统治范围，如果不开发新的地方并把非资本主义的古老国家卷入世界经济旋涡之中，它就不能存在和发展。马克思指出，掠夺是一切资产阶级的生存原则。资本主义的迅速发展，使西方资产阶级迫不及待地向外扩张，以开辟新的商品市场和原料产地。到 18 世纪末 19 世纪初，非洲、美洲、大洋洲的几乎所有国家和地区都先后沦为西方列强的殖民地。

随着资本原始积累阶段的结束和世界资本主义自由贸易竞争的兴起，西方列强将扩张转向东方。这样，地大物博，人口众多，而政治经济文化又比较落后的亚洲，尤其是中国，便成了他们侵略、争夺的主要对象。以英国为首的欧美资本主义国家早就对中国及东方各国怀有野心。

16 世纪，英国殖民势力开始侵略印度，并建立东印度公司，以垄断东方贸易。之后，英国又对阿富汗、波斯、缅甸、印度尼西亚等国进行侵略渗透。1637 年，英国兵舰 4 艘驶抵中国广东，不顾明朝政府的禁令，公然闯入珠江，炮轰虎门炮台。中国军民坚决抵抗，击退侵略者。1793～1836 年期间，英国资产阶级向清政府多次提出无理要求，均遭清政府拒绝。1837 年，英国东印度公司舰队司令马他伦公然率兵舰到广州口岸示威，这说明英国早在鸦片战争前就在策划侵略中国的战争。

法国在亚洲的侵略目标主要是越南和中国。但在对中国的问题上，法国的势力还不及英国，尚无力单独发动对华侵略战争，却又担心英国独霸中国，损害其利益，于是极力支持英国侵华，以求获得与英国共同掠夺、瓜分中国的权益。

美国在取得独立之后，则把他人原来套在自己脖子上的殖民枷锁强加到别国的头上。在很短时间内，它不仅把自己的领土从大西洋西岸扩展到太平洋东岸，同时，也开始把侵略的黑手伸到亚洲。

沙皇俄国本来同中国并不接壤，16世纪下半叶，沙俄越过欧亚交界的乌拉尔山，迅速向东扩张。1680～1728年，沙俄与清政府先后签订了《尼布楚条约》、《布连斯奇条约》、《恰克图条约》。

"掠夺是一切资产阶级的生存原则。"在欧美资本主义的发展历史上，始终伴随着暴力和掠夺。随着资本主义的迅猛发展，资产阶级开始寻找新的商品销售市场和原料产地，开拓更为广阔的殖民地。因此，落后的中国和其他亚洲国家，便成了西方资主义同家侵略和掠夺的对象。

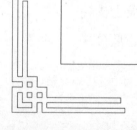

（二）中国半殖民地半封建社会的开端与基本形成

1. 第一次鸦片战争与《南京条约》的签订

西方列强早就将殖民扩张的锋芒指向中国。以英国为首的西方殖民者多次用海盗的方式进行武装挑衅，妄图敲开中国的大门。此后又想凭借经济优势，向中国大量倾销商品来打开中国的大门，掠夺财富。由于中国自给自足的自然经济对外来商品具有一种顽强的抵抗能力，西方列强想用商品倾销控制中国的阴谋受挫，大量的洋货在中国无人问津，而中国出口的茶、丝绸、瓷器在欧洲却成了抢手货。18世纪初的中国，每年均出超 50 万～100 万两白银。

为了改变这种情况，西方殖民者开始向中

国大量偷运和贩卖鸦片，造成烟毒在中国的泛滥，严重破坏了中国的社会经济。1821～1840年间，中国白银外流至少在1亿两以上，平均每年流出500万两白银，相当于清政府每年总收入的1/10。烟毒给中国造成了巨大的危害，中国人民掀起了大规模的禁烟运动。为了维护鸦片走私，西方列强用武力公开向中国发起大规模的入侵，中断了中国的独立发展进程。1840年6月，英国资产阶级挑起了旨在打开中国大门的鸦片战争。这场战争从1840年6月下旬英军军舰开抵广东海面，封锁珠江口为标志正式爆发，到清军战败，清政府被迫于1842年8月29日签订《南京条约》为标志告终，历时两年零两个月。战争共分为三个阶段。

第一阶段：从战争正式爆发到1841年1月下旬英方提出所谓《穿鼻草约》为止，历时约七个月。英军到达广东，因为林则徐战备工作做得较好，英军在广东无隙可乘，旋即沿海北犯福建厦门、被闽浙总督邓廷桢率军击退。英军继续北犯，乘浙江防务空虚，攻陷定海，疯狂地屠杀抢掠。接着，英国军舰于8月直闯天津海口，英国在递交清政府的照会中提出鸦片贸易合法化，割地赔款等一系列侵略要求。道光皇帝面对大敌威胁京师的形势，产生恐惧动摇，这时听信和赞同投降派的谬论，表态说林则徐"措量失当"，派琦善在大沽与英国侵华军总司令、全权代表懿律谈判。琦善在谈判中竭尽卑躬屈膝之能事，加上时至秋天，北方海港行将结冰，兵船不能久留，英军遂于9月中旬返回南方。清廷认为琦善退敌有功，遂任命他为钦差大臣，赴广东继续与英国谈判，而将林则徐和邓廷桢革职。11月底，琦善到达广州，一反林则徐所为，裁减水师，解散水勇，自动撤防，并镇压抗英民众。这一时期懿律因病回国由原副职义律继任主帅和全权代表。英方提出苛刻条件，琦善不敢擅自作主，要向皇帝请示，但英方却无耐心等待，于1841年2月初突然发动进攻，强占大角、沙角炮台，琦善赶忙乞和，义律提出并于20日单方面公布了所谓《穿鼻草约》，该约的主要内容是：割让香港；赔烟价 600 万元；恢复广州通商等。需要指出的是，《穿鼻草约》是英方提出并单方面公布的，琦善、清政府都未同意更未履行签字手续，至此，战争第一阶段结束。

第二阶段：自《穿鼻草约》提出后 1841 年 1 月 27 日清政府对英宣战，到同年 5 月 27 日《广州和约》订立，历时整四个月。琦善的投降活动，激起了广大爱国绅民的强烈反对。大角、沙角炮台失陷的消息传到北京，使道光帝也颇受刺激，便于 1841 年 1 月 27 日对英宣战，任命御前大臣宗室奕山为靖逆将军，湖南提督杨芳为参赞大臣，调集各省军队 17000 人开赴广东前线。这样，中英双方的"谈判"停顿，重开战事。奕山于 5 月 21 日贸然夜袭英军，结果大败，奕山派广州知府余保纯出城向英军求和；27 日签订屈辱的《广州合约》，主要内容：清军退驻离广州城 60 英里以外的地方；清廷向英国缴纳"赎城费"600 万元，款项交清后英军退出虎门；并赔偿英国商馆损失 30 万元。

　　第三阶段：从《广州合约》订立以到 1842 年 8 月 29 日《南京条约》签订，战争结束，历时一年零三个月。广州地区的广大人民群众对奕山等向英军求和的行径无比愤怒，奋起抗击英军。5 月 29 日，盘踞四方炮台的英军到广州北郊三元里抢劫行凶，当地人民群起反抗，当场打死英兵数名，其余的英兵仓皇逃走。为防止英军报复，群众在村北三元古庙集会，决定以庙中黑底白边的三星旗为"令旗"，联络附近 103 乡义勇，共同抗英。一些具有爱国思想的地主士绅，加入了抗英斗争的行列，成为斗争的组织者和领导者。30 日，三元里数千义勇向四方炮台进攻。他们将英军引诱到牛栏冈，附近村民从四面八方赶来，把英军团团包围。31 日，广州附近番禺、南海、花县、增城等县 400 余乡屯的数万群众赶来，与三元里群众一起将四方炮台层层包围。奕山应英军的要求，派广州知府余保纯出城解围，强迫解散群众队伍。三元里抗英斗争是中国近代史上第一次民众的较大规模的自发的反抗外国侵略者的斗争。三元里抗英斗争显示了中国人民的英雄气概。

1841 年 8 月，璞鼎查到华，率军沿海北犯，先陷厦门，清总兵江继芸力战牺牲。接着北犯定海，这里的守军英勇抗击，定海之战打得很激烈，著名的三总兵（葛云飞、郑国鸿、王锡朋）殉国事件就发生在这次战斗中。当时，清军守军四千人浴血奋战六昼夜，军粮匮乏，最后每个士兵每日只能得稀粥三碗，几乎是空着肚子作战。定海失陷后，英军又侵占了镇海和宁波。在镇海保卫战中，两江总督裕谦表现得也很壮烈，集众宣誓，誓与镇海城共存亡，最后裕谦在力战不支的情况下投水殉职。

浙江群众也积极参加反侵略斗争，如宁波、镇海等地的"黑水党"就很著名。英军在进犯浙江的同时，还派兵窜扰台湾，台湾道姚莹和总兵达洪阿率领抵抗，保卫了台湾。清政府为了挽回浙江战场的失败，又任命协办大学士奕经为"扬威"将军，从多省调集军队，增援浙江前线。奕经携大批随员南下，根本就没有一点投赴戎机的气象，一路上游山玩水，迟迟于1842年2月才到达浙江。他视战事如儿戏，企图侥幸取胜，仓促从绍兴向宁波、镇海、定海三路进攻，英军早有防备，结果清军大败，三城未收，反丢慈溪，奕经仓皇逃回杭州，从此不敢再战。清廷派盛京将军耆英和已被革职的伊里布赶赴浙江前线办理对英投降交涉。这时，英军认为议和时机还不成熟，要对清朝施加更大压力，迫使它完全就范。于是按原计划进而进攻内地长江流域，先攻陷江浙两省的海防重镇乍浦，进入长江，攻打吴淞炮台，两江总督牛鉴闻风而逃，年过七旬的江南提督陈化成率部抵抗牺牲，宝山、上海相继陷落。英军溯江而上，于7月下旬进攻镇江，副都统海龄率军抵抗，打死打伤敌军185人，最后守军全部战死牺牲，海龄自缢殉国，其妻、孙等合门殉难。英军于8月间至南京江面，耆英、伊里布赶到南京议和，订立《南京条约》，鸦片战争至此告终。

1842年8月29日签订的《中英南京条

约》，是中国近代史上第一个不平等条约，也是近代中国走向半殖民地的标志，它的主要内容包括：割让香港；中国赔款 2100 万元（鸦片费 600 万元，商欠 300 万元，军费 1200 万元）；开放广州、厦门、福州、宁波、上海为通商口岸；定关税，允许英国商人的货物进出中国海关，应交的税款要由中英双方"秉公议定"税则等。

《中英南京条约》之后，英国政府又强迫清政府于 1843 年 10 月 8 日签订中英《五口通商附粘善后条款》，亦称《虎门条约》。《虎门条约》又使英国收得了如下重要特权：领事裁判权。所谓"领事裁判权"，指帝国主义国家侨民不受居留国管辖的非法特权。片面最惠国待遇。英国通过《虎门条约》所攫取的就是这样一种片面最惠国待遇的特权，规定中国将来给予其他国家任何权利时，英国可以一体均沾。但是中国却无权反过来享受英国的同等待遇。英国人可以在通商口岸租赁土地房屋。海关税则规定海关税率大大降低（出口的 61 种货物和进口的 48 种货物税率比鸦片战争前降低 50%～90%，其他货物皆定为百值抽五的税率）。

1844 年 7 月和 10 月，美国和法国也分别同清王朝签订《望厦条约》和《黄埔条约》。在中美于 1844 年 7 月 3 日，签订的《望厦条约》中规定，美国享有除割地、赔款以外的英国在《南京条约》中所取得的各项特权，同时还新增了以下几项重要的侵略权益：①扩大领事裁判权的范围。条约规定美国人与中国人或其他各国人在中国发生的一切诉讼，均由美国领事审理，中国政府不得过问。②进一步加强协定关税权。条约规定"中国日后欲将税例更变，须与合众国领事等官议允"。③美国兵船可以到中国各港口"巡查贸易"。④美国可以在通商口岸建立教堂、医院等。

1844 年 10 月 24 日，清政府派耆英在广州附近的黄埔与法国专使拉萼尼签订了《黄埔条约》。通过这个条约，法国也取得了中英、中美条约中规定的全部特权。在《黄埔条约》

中，法国还强迫清政府放弃对天主教的禁令。此外，葡萄牙、比利时、瑞典、挪威、荷兰、西班牙、普鲁士、丹麦等国侵略者也纷至沓来。清政府本着"一视同仁"的原则，一律与之订约。从此，古老的中国大门被打开，中国开始被列强拉入了世界资本市场的旋涡。

总之，第一次鸦片战争，中国的失败和第一批不平等条约的签订，使中国社会开始发生了根本的变化。正如毛泽东指出的，当时中国封建社会内部"已经孕育着资本主义的萌芽，如果没有外国资本主义的影响，中国也将缓慢地发展到资本主义社会"。但是，由于世界殖民主义者的入侵，扭曲了中国社会发展的方向：政治上——战争前中国是一个独立的主权国家；战争后，中国的领土主权被破坏，中国独立的主权也遭侵犯，英国占据香港，破坏了中国的领土完整；协定关税，破坏了中国的关税自主权；领事裁判权，破坏了中国的司法主权；片面的最惠国待遇，使中国成了世界资本主义国家共同宰割的对象。从此，中国开始由独立国向半殖民地国家沉沦；经济上——战争前，中国是一个自给自足的自然经济占主导地位的封建国家；战争后，资本主义廉价商品大量涌入中国。他们以通商口岸为据点，倾销商品、掠夺原料和廉价的劳动力。在外国商品的打击下，中国自给自足的自然经济开始解体并逐渐成为世界资本主义的商品市场和原料供应地。但是，中国封建地主阶级的经济依然存在。社会生产遭破坏，社会财富遭劫夺，人民生活更加贫困化。

由此可见，1840 年的鸦片战争是中国历史发展的一个转折点，中国从此由一个独立的封建帝国逐渐变成一个半殖民地半封建的国家，它成为中国近代史的开端。

2. 第二次鸦片战争与《天津条约》、《北京条约》的签订

第一次鸦片战争后，帝国主义不仅迫使清王朝割地赔款，而且还取得了协定关税权、沿海贸易权、开放通商口岸权、领事裁判权和片

面最惠国待遇等特权。从此，中国的主权开始遭到破坏，中国由战前独立的国家向半殖民地国家转化，这是中华民族的奇耻大辱，也是中国近代社会的开端。1856～1860年，英、法两国在美、俄两国的支持下，联合向中国发动了旨在扩大在第一次鸦片战争中攫取的侵略特权的战争，由于这场战争实际上与第一次鸦片战争的性质相同，是第一次鸦片战争的继续和发展，故称为第二次鸦片战争。

外国侵略者通过第一次鸦片战争打开了中国的大门，但外国商品的输入，并没有像侵略者们最初期待的那样大幅度地增加，整个说来基本上是处于停滞不前的状态。造成这种情况的原因：一方面是中国自给自足的自然经济，对外国商品有着顽强的抵抗作用；另一方面是英国增加鸦片贸易与发展合法贸易存在着矛盾。因为中国人有限的白银在购买了鸦片之后，已经无力再购买其他商品了。可是英国侵略者既不愿意放弃鸦片贸易，又要更多地推销商品。按照他们的逻辑，认为只有对中国扩大侵略，攫取新的特权，才能解决这一矛盾。为此，他们积极进行新的侵略活动。

"修约问题"和"马神甫事件"（又称"西林教案"）、"亚罗号事件"是这次战争爆发的原因和英法发动战争的借口。

1854 年年初，英、法、美三国分别指示其驻华公使，向清政府提出"修约"要求。所谓"修约"，就是他们抓住《望厦条约》和《黄埔条约》中关于通商"各口情形不一，所有贸易及海面各款，恐不无稍有变通之处，应在十二年后两国派员公平酌办"的条文，加以曲解，把"稍有变通"扩大为勒索新的特权。主要内容为：要求中国开放内地及沿海城市，至少允许外国在长江自由航行，废除子口税，鸦片贸易合法化，外国公使驻京等。这根本不是"修"，而是要求订立新的不平等条约。他们对清政府一面以"助剿"相引诱，一面施以恫吓，宣称这些要求"如蒙奏准，自当襄助中华，削平反侧；否则奏明本国，自行设法办理"。清政府只同意考虑减轻上海、广州等地的关税，其他要求一概拒绝。此时，英、法两国正与沙俄进行克里米亚战争，无力在中国开辟战场，交涉暂无结果。1856年，克里米亚战争一结束，英、法、美三国再次提出了"修约"要求，又遭到了清政府的拒绝。于是，它们便准备发动新的战争，以武力压迫清政府接受它们的要求。

英法侵略者要发动新的战争，便千方百计地寻找借口。1856年10月8日，中国广东水师检查走私船只，从停泊在黄埔的一艘中国船"亚罗号"上，拘获海盗及嫌疑犯12人。亚罗号船为走私方便，曾向香港的英国当局领过通航证，但在被控查之时，此证早已过期，船上不再挂英国国旗。此事件纯属中国内政，与英国毫不相干。可是英方为了制造战争借口，硬说亚罗号是英国船，并无中生有地造谣说，广东水师曾扯下船上悬挂的英国国旗，英国驻广州代理事巴夏礼无理要求两广总督叶名琛释放水手，并赔礼道歉。叶屈服于英国的压力，将水手送到英国领事馆，巴夏礼又故意刁难，借口礼貌不周，拒不接收。

此时，法国也正在利用"马神甫事件"向中国勒索新的特权。所谓"马神甫事件"，又称"西林教案"。1854年，天主教法籍神甫马赖非法潜入广西西林县传教，包庇教徒抢掳奸淫，激起民愤，1856年2月被该县处死。法国皇帝拿破仑三世为进一步取得教会的支持，巩固军事独裁及扩张大资产阶级的海外权益，遂以此为借口，伙同英国一起对中国发动侵略战争。

1856年10月23日，英国侵略者以"亚罗号事件"为借口发动了对广州的进攻，第二次鸦片战争正式开始。

战争的第一阶段：从1856年10月英军进犯广州，到1858年6月《中英天津条约》、《中法天津条约》的签订。英军于1856年10月23日挑起战争后，攻破广州外城，一度攻入内城，由于中国军民英勇抵抗，英军遂于当晚撤出广州，退踞虎门，等待援军。1857年春，英国政府任命额尔金为全权代表，率领一支海军前来中国，同时，向法、美、俄等国发出照会，提议联合出兵。10月，法国政府任命葛罗为全权大使，率领一支侵华军，继英军之后开到中国。美国积极支持英、法，但因国内处于南北战争前夕，政局不稳，没有参加联军。沙俄为了实现占领大片领土的目的，当然也积极支持战争。1857年12月，英、法侵略者攻陷广州城。1858年4月，英舰10余艘、法舰6艘驶往大沽口，英、法、美、俄四国公使也各恃兵舰，到达大沽口外，并分别照会清政府，提出侵略条款，要求清政府谈判。而清政府自欺欺人地把希望寄托在美、俄的调停上。

1858年5月20日，英法侵略军悍然发动进攻，大沽炮台终于陷落。接着英法联军沿河而上，进犯天津，并扬言要进攻北京。清政府急忙派大学士桂良、吏部尚书花沙纳为钦差大臣，前往天津谈判求和，在谈判过程中，作为"第三方"的美、俄仍是故伎重施，扮演调停的角色从中渔利。

俄使普提雅廷诱胁清政府于 6 月 13 日首先签订了《中俄天津条约》，攫取了沿海通商（可在上海、宁波、福州、厦门、广州、台湾、琼州等通商口岸停泊兵船），内地传教，领事裁判权，片面最惠国待遇等一系列特权，并且规定"两国从前未定明之边界"，"补入此次和约之内"，为以后进一步侵占中国领土埋下了伏笔。6 月 18 日，美国代表列卫廉要挟清政府签订《中美天津条约》，也攫取了很多特权。1859 年 6 月 25 日，英、法两舰队借故向大沽口炮台轰击，把战争推向更大规模。6 月 26 日签订《中英天津条约》，6 月 27 日签订《中法天津条约》，《中英天津条约》、《中法天津条约》的主要内容：各国公使常驻北京；增开牛庄（后改营口）、登州（后改烟台）、台湾（后选定台南）、淡水（后改汕头）、琼州、汉口、九江、南京、镇江等十处为通商口岸；英、法等国可以到中国内地自由传教、通商、游历；外国商船可在长江各口岸自由航行；修改税则，减轻商船吨税；对英赔款 400 万两，对法赔款 200 万两等。不久，根据《天津条约》中的有关原则规定，英、法、美三国胁迫清政府分别签订《通商章程善后条约》，规定了鸦片贸易合法化等内容。

战争的第二阶段：从《天津条约》签订以后，到 1860 年 11 月《中俄北京条约》的签订。清政府对在侵略者的刺刀下缔结的城下之盟并不甘心，而是忧心忡忡，想"尽力挽回"，或是"罢弃条约"。而外国侵略者仍不满足，双方是这样两种态度。所以和局是不可能维持的了，果然时隔不久战事再起。1859 年年初，英法分别派遣普鲁斯和布尔布隆为驻华公使，它们拼凑联合舰队，在 6 月中旬，到达大沽口外。清政府看到大兵压境，只好允许按期在北京换约，指令各国公使须北塘登陆，经天津进京。1859 年 6 月 25 日，英舰队司令何伯率领联合舰队悍然闯进白河，进攻大沽炮台，僧格林沁所率部队奋勇抗击，守将直隶提督史荣椿身先士卒，舍身酣战中炮阵亡。这次大沽之战，以侵略者失败告结。

大沽战役，完全是侵略者蓄意挑起的，中国军队为保卫祖同痛击侵略者，是正义的行动。马克思指出："中国人这种行动，并没破坏条约，而只是挫败了英国人的入侵。"但是，英国侵略者对这次战争却非常恼火，资产阶级报纸和官僚政客们狂热叫嚣，要对中国"实行大规模的报复"，"攻打中国沿海各地，占领京城，将皇帝逐出皇宫"，要"教训中国人，英国人高出于中国人之上，应成为中国的主人"等。于是，1860 年 2 月，英、法又再度分别任命额尔金、葛罗为全权专使，扩大侵华战争。英法联军舰船 200 多艘，军队 25000 人开到中国，并于 8 月初占据北塘、天津、通州。咸丰皇帝出逃热河，留下其弟恭亲王奕䜣求和。10 月，英法联军攻入安定门，控制北京城，在北京烧杀抢掠，胡作非为。

典型的罪行之一，就是焚掠西北郊的圆明园。圆明园是清朝皇帝的别墅，从 1709 年起，经过了 150 多年的营建，周围 30 多里，共有 200 多座建筑，综合中西建筑艺术、壮丽精美。

园内收藏着中国历代图书典籍、文艺书画和金银珠宝等珍贵艺术品，是世界上少有的雄伟宫殿和蕴藏丰富的博物馆。经过侵略军的抢劫、破坏和焚烧，这座凝聚着中国人民智慧和血汗的世界名园，化成了一片焦土。文化上的损失，是无法用数字来计算的。

10月13日，侵略者兵不血刃地占据了安定门，控制了北京城。奉命谈判乞和的奕䜣在无奈之下乞请沙俄公使从中斡旋。俄使提出要以先解决俄中边界问题作为他调解的先决条件，然后又要求奕䜣答应英法侵略者的一切要求。奕䜣在英法武力的逼迫和沙俄的恫吓挟制下，于10月24日、25日两日分别与英、法代表交换了《天津条约》，并签订了中英、中法《北京条约》。该条约不仅承认《天津条约》完全有效，而且又规定了以下几项条款：增开天津为商埠；准许外国侵略者招募华工；中国割让九龙司"归英属香港界内"；赔偿英法军费各增至800万两，恤金英国50万两，法国20万两；交还没收的天主教堂财产，传教士在各省租买田地建造自便。条约签订后，英法联军于 11 月陆续退出北京，第二次鸦片战争结束。

沙俄在第二次鸦片战争中没有公开地直接出兵参与战争，而以所谓调停者的身份出现，看准火候，趁火打劫，通过一系列不平等条约，侵占了中国大片领土，成为第二次鸦片战争中获利最大的国家。1858 年春，俄国东西伯利亚总督穆拉维约夫，利用第二次鸦片战争的机会，率领军舰驶向瑷珲，奕山最后在沙俄的武力要挟和外交讹诈下，于 1858 年 5 月 28 日被迫与俄签订《瑷珲条约》，主要内容：黑龙江北岸、外兴安岭以南 60 多万平方公里的中国领土割归俄国，只有江东六十四屯照旧由中国管辖，俄国"不得侵犯"；由乌苏里江至海的所有地方，为中俄"共管"之地；属中国内河的黑龙江和乌苏里江只准中俄两国船只通过，别国不得航行。清政府没有批准这个条约，并对奕山等人进行处分。

俄使普提雅廷诱迫清政府首先于 6 月 13 日签订了《中俄天津条约》。1860 年 11 月 14

日，沙俄公使伊格那提耶夫与奕䜣分别代表俄中双方政府签订了《北京条约》，主要内容除了清政府被迫确认《瑷珲条约》外，还有：乌苏里江以东 40 余万平方公里的中国领土割让给俄国；规定了中俄西部"未定边界"的大致走向；俄国取得库伦（今蒙古国的乌兰巴托）、张家口、喀什噶尔等地免税贸易权；设立领事，并享有领事裁判权。签订《北京条约》以后，沙俄强迫清政府勘定西部边界，到 1864 年 10 月 7 日，沙俄又强迫清政府在塔尔巴哈台签订了《中俄勘分西北界约记》，沙俄代表为扎哈罗夫等，清政府代表是明谊等，主要内容是具体划定了自沙宾达巴哈山口（今俄罗斯境内）到浩罕的中俄边界，巴尔喀什湖以东以南的中国领土，被沙俄割占，总面积为 44 万多平方公里。

外国侵略者通过第二次鸦片战争用武力再次打开中国的门户，强迫软弱无能的清朝统治者签订了一系列不平等条约，使中国丧失大片领土和独立权，帝国主义的侵略由沿海深入到内地，这些不平等条约初步构成了帝国主义奴役中国的基础，加快了中国社会向半殖民地半封建化演进的历史进程。其主要表现是在经济、政治上的变化。

①在经济上。中国进一步沦为外国资本主义的商品市场和原料供应地，自然经济进一步解体。新开辟的 11 个通商口岸，使外国侵略势力从沿海扩张到长江流域，从华南扩张到东北地区；子口半税；外国船只可以驶入长江；外国人可以进入内地自由通商；特别是把海关大权交给外国侵略者，这一切就为外国商品深入沿海和内地倾销打开了方便之门，同时也便于其掠夺廉价原料，使中国的旧式手工业大量破产，资本主义萌芽受到严重摧残，自给自足的自然经济在更大范围内瓦解。

②在政治上。中国领土的完整遭到空前破坏。英国霸占了南九龙半岛，与香港岛连成一片，成为侵略中国的基地；沙俄侵吞了中国一百多万平方公里的领土，这是对中国领土主权的空前掠夺和蹂躏。中国的主权大量丧失，如

内地税自主权、海关行政权、内河航行权等，外国人可以自由进入内地游历、通商、传教等。更重要的变化是，清朝政权开始买办化。如外国公使进驻北京，总理各国事务衙门的设立，海关管理权为外国所控制等，都标志着清朝统治者已经使自己的政权机构半殖民地化，以迎合外国资本主义侵略的需要。

3. 中法战争与《中法新约》的签订

早在 18 世纪末法国就开始对越南进行侵略。1873 年，法军进而侵犯河内地区。越南政府邀请刘永福率领活跃在中越边境的黑旗军援越抗法。由于越南政府在腐败无能导致军事上一败再败，并被迫于 1874 年 3 月 15 日同法国签订了《法越和亲条约》（亦称第二次《西贡条约》）。从此，整个越南南部被置于了法国的控制之下。条约签订后，法国将该条约抄送总理衙门，并要求中国开放云南红河沿岸的口岸。清政府表示不承认这个条约，拒绝了法国的要求。

在法国侵略越南的过程中，越南政府一面邀请刘永福率黑旗军协助抗法，一面派人向清政府求援。但是，面对着法国侵略越南和我国西南边疆的严重局面，清政府内部对法国侵越的态度很不一致。以左宗棠、曾纪泽为代表的湘系集团积极主战。他们认为"越南为中国外藩，本应保护"，如果法国侵占越南，"此唇亡齿寒之患也"。他们的主张，得到了清流派代表张之洞等人的支持。但是，掌握清政府外交、军事实权的淮系集团李鸿章，却一意主张与法国妥协，力避战争。李鸿章的主张得到了奕䜣等人的支持。

统治集团内部的意见分歧，使掌握中央大权的慈禧也一直犹豫不决，举棋不定。清政府最高决策机构既害怕法国得寸进尺，欲壑难填，又不敢公开抵抗，得罪法国，故而采取了一些模棱两可的举措。在军事上，一面派军队出关援越，一面又再三谕令清军不得主动向法军进攻。在外交上，一面抗议法国对越南的侵略，一面又企图通过谈判达成妥协。清政府的这种软弱态度大大地助长了法国侵略者的气焰。总地来说，清政府是把遏制法国侵略的希望寄托在外交谈判上，而法国则在外交谈判的烟幕下，积极筹划战争，准备发动对中国的进攻。

1883 年 12 月，以法军进攻越南山西的中国驻军为标志，中法战争正式爆发。这场历时一年零三个月的战争，是在陆上和海上两个战场分别进行的。

首先是由法国在越南北部的红河下游一带挑起的。1883 年，法国胁迫越南签订《顺化条约》后，一面命令侵越法军北犯，一面要挟清政府撤退在越南北部的清军、召回刘永福。开放云南边界，公然把矛头指向了中国。清政府鉴于越岌岌可危的形势和中国西南边境受到的严重威胁，不得不在军事上作了一些部署，调湘系军阀彭玉麟赴广东督办海防，令云贵总督岑毓英出境督师，并接济黑旗军。1883 年 8 月，法军开始对刘永福的黑旗军发动进攻，结果连遭挫败。12 月，法国政府决定追加 2900

万法郎军费，增派 15000 名侵略军开赴越南战场。12 月 11 日，法军司令孤拔率军 6000 人，配备大炮 200 多门，向驻扎在越南山西地区的中国军队发起进攻，正式挑起了中法战争。

当时，驻守山西和北宁的清军，本来就十分腐朽，再加上清政府反复命令他们不可先自开衅，因此全军毫无斗志，当法军来犯时，几乎是不战而溃，放弃了所防守的各个据点。以屠杀回民起义发迹的云贵总督岑毓英出境督师，也是望风而逃。只有刘永福的黑旗军进行了英勇抵抗，但因众寡悬殊，被迫退出山西，撤到了靠近云南边境的保胜。到 1884 年 4 月，除谅山一带还驻有清军外，越南北部基本上被法军占领了。

越南战场失败的消息传到北京，清政府大为震惊。慈禧把责任全部推给与她有权力矛盾的奕䜣等人，将奕䜣罢职，更换了全部军机大臣，任命她的妹夫礼亲王世铎取代奕䜣为首席军机大臣，总理衙门则交给庆亲王奕劻主持，在表面上摆出了一副重整旗鼓，要与法国大战一场的姿态。但是，新组成的军机处并没有积极组织力量准备抗战，只是把一些口头主战、但却是书生气十足的清流派人物派到地方上去担任军职。在法国咄咄进逼之下，军机处的新官员们和一些清流派人物执行的仍然是其前任奕䜣的妥协退让政策，而且走得更远。他们命令沿海各省"静以待之"，"不可先发衅"，并请英、美等国出面调停求和。法国看准了清政府的虚弱本质，也乘机诱和，企图用又打又拉的手段，攫取更多的权益。

1884年4月17日，法国派海军中校福禄诺为特使，通过天津税务司向与李鸿章关系密切的德国人德璀琳提出议和条件：中国开放云南省与法国通商，不阻挠法国在越南的权利，调开驻法公使曾纪泽，并答应赔款等。清政府基本全盘接受，免去了主战派曾纪泽驻法公使的职务，授权李鸿章与福禄诺谈判。5月11日，双方在天津签订了《中法天津简明条约》。主要内容：清政府承认法国对越的"保护权"，允许法国在中越边境上通商，法国从北圻退兵，但未规定退兵的具体日期。《中法天津简明条约》签订后，法国迫不及待地要接管越南北部的清军防地，不等清军撤退的时限到期，就在 6 月下旬进兵谅山附近，逼令清军退回中国境内，并开枪打死清军代表，炮击清军阵地。清军被迫还击，将法军打退。

法国制造了这次军事冲突，却反而以此为借口，进行讹诈，要中国立刻从越南北部撤军，赔偿兵费 2.5 亿法郎。法国驻北京代办谢满禄通牒总理衙门，限期照办，否则法国将采取直接行动。同时，法国为扩大侵华做了军事部署，任命孤拔为舰队司令，将法舰调往福州和基隆进攻。马尾之战、基隆保卫战的胜利增强了清政府的主战派的信心，也使清廷胆气稍壮，态度变得积极。8 月 23 日，法军开始向福建水师发炮，清朝海军事前没有任何准备，仓促应战。这场海战，福建水师舰船被击沉 7 艘，官兵伤亡 700 多人、马尾船厂亦被轰毁。马尾之战三日之后，即在 8 月 26 日，清政府在舆论的督促下被迫正式对法宣战。

马尾海战之后，法国侵略军气焰嚣张。法军一方面进犯台湾占领基隆，同时又窥伺浙江沿海，1885 年 3 月初，法舰几次向镇海发动进攻，军民奋勇抵抗，惩罚侵略者，保卫了领土。1885 年 2 月，侵越法军得到增援，向东路清军进攻，潘鼎新战胜不追，战败则退，士气低落，法军尾追潘鼎新军，一直涌进镇南关，甚至一度占领镇南关，把战火燃烧到中国边境。此时刘永福的黑旗军在越南人民义军的配合下，则在军事上取得胜利，大败法军于临洮，乘胜克复数十州县，向越南内地挺进。在 1885 年 3 月 24 日，清军主力猛攻长墙，冯子材"以帕裹首，赤足草鞋"，大呼而出，亲自率领将士与法军拼搏，法军大败而逃，清军乘胜追击，在 28 日又在谅山城北重伤法军头目尼格里。法军放弃谅山，向南逃溃，此战役法军死伤近 300 人，这就是历史上著名的"镇南关大捷"。

镇南关之役，是中法战争开始以来中国所取得的一次重大胜利，也是法国自发动侵越战争以来最惨重的一次失败。这次战役扭转了前线的战局，使中国军队由节节后退变为步步前进，在东西两线形成了对河内法军的夹攻之势，法军一片混乱。法军战败的消息传到巴黎，1885 年 3 月 30 日，法国人民涌上巴黎街头，举行游行示威，高呼打倒茹费理，反对血腥的殖民战争，法国议会里也掀起了批评茹费理内阁的声浪，终于迫使茹费理内阁倒台。法国的政治、军事都陷入了混乱之中。

然而，正当前线捷报频传，法国政府倒台，抗法斗争胜利在望的时刻，清政府竟然向战败的法国求和，于 1885 年 4 月 7 日下令前线停战。原来清政府在马尾海战惨败后，虽然在舆论的压力下被迫宣战，但实际上一直在奉行着避战求和的方针，幕后的外交和谈始终没有间断。前线形势的急剧变化，使中国在军事上、外交上都处于有利的地位、但李鸿章却认为这是一个妥协投降的好机会。他说："谅山已复，若此时平心与和，和款可无大损失，否则兵又连矣。"因此，他主张"乘胜即收"。赫德等侵略分子也从旁恐吓，建议清政府赶快与法国缔结和约。慈禧采纳了他们的意见，授权赫德手下一个叫金登干的英国人，代表中国与法国签订了《巴黎停战协定》，重申《中法简明条约》有效，中法战争草草结束。

一个在军事上打了胜仗的国家，居然向战败的对手妥协投降，这真是一件旷古奇闻。清政府的这种做法，连法国侵略者也感到十分诧异，暗中庆幸他们在军事上失败后，在外交上竟取得了意外的"胜利"。中国的广大爱国军民，则义愤填膺，强烈谴责清政府的卖国行径。他们把令冯子材退兵的人，比作南宋初年的秦桧。冯子材也上书要求"诛议和之人"。还有人赋诗填词，抒发自己的悲愤心情。但是，清政府不顾全国军民的强烈反对，授权李鸿章于 1885 年 6 月 9 日与法国驻华公使巴德诺在天津正式签订《中法会订越南条约》（又称《中法新约》）。

《中法会订越南条约》的主要内容有：①中国承认越南归法国保护；②同意在两广、云南的中越边界开埠通商，法国享有减税通商权；③以后中国建造铁路时，应向法国商办。

通过《中法会订越南条约》，法国达到了当初发动战争的全部目的。它不仅占领了越南，而且冲开了中国西南的门户，第一个在中国取得了修筑铁路的权利。中国军民前仆后继、浴血奋战的结果，却是法国不胜而胜，中国不败而败。这触目惊心的事实，使中国人民进一步认识到了清政府的腐朽无能，救亡运动的呼声日益高涨。资本主义列强看到清政府如此软弱可欺，则更进一步加紧了对中国边疆和其他邻国的侵略，中国的危机日益加深。

4. 中日甲午战争与《马关条约》的签订

两次鸦片战争以后，特别是19世纪70年代以后，随着西方列强在中国特权的扩大和巩固，外国资本主义对中国的经济侵略也日益加紧和奏效。逐步控制了中国沿海沿江的通商口岸，而且开始深入中国内地和广大农村，把整个中国国民经济卷入世界资本主义市场的旋涡，成为世界资本主义殖民地和殖民市场的重要组成部分。在中日甲午战争以前，外国资本对中国的渗透，集中表现在以下两个方面：首先，外国资本主义已经逐渐控制了中国的商品市场，使中国成为他们倾销商品、掠夺原料的重要场所。其次，外国资本主义还对中国开始进行投资侵略，并已垄断了中国的航运业和金融市场。外国资本主义势力的入侵，促使了中国封建社会原有的自然经济结构逐渐解体，加速了中国社会经济向半殖民地半封建化的变化。这种变化，在甲午战争以前，最突出的就是由于外国商品的倾销，造成中国城乡手工业的迅速衰落和破产。外国资本主义的侵入，还在中国造成了买办制度，形成了买办资产阶级。买办和买办资本的出现，是近代中国日益走上半殖民地半封建道路的典型表现之一。

1894年7月至1895年3月，日本发动了一场大规模的侵华战争，因这一年是旧历甲午年，故史称"中日甲午战争"。

日本从1868年的明治维新以后走上资本

主义的道路，到它发动甲午战争的时候已历 20 多年的时间，它通过一系列发展资本主义的措施，大力促进了生产力的发展；由于资本主义迅速发展，垄断组织开始出现。但是，明治维新是通过自上而下的改良主义道路出现的，大量封建因素保留了下来、特别突出的是明治维新时的许多封建领主和武士，后来转化为资本家，其中一些人还身兼国家高级官吏，他们本身带有浓厚的封建色彩。同时日本在明治维新时，国家是以经营军事工业为主导带动资本主义工业化的，这种资本主义，随着日本军国主义对外发动侵略战争而发展起来，具有疯狂的掠夺性。明治维新以后，它就制定了所谓"大陆政策"，即第一期征服台湾，第二期征服朝鲜等国，第三期灭亡满蒙，征服中国全土，进而征服亚洲和世界。到甲午战争前，日本已建立起一支拥有 6 万多名常备兵和 23 万预备兵的陆军，并拥有排水量 7.2 万多吨的海军舰只，总吨位大大超过了北洋海军舰只。

甲午战前，清朝统治集团中，一个突出现

象是帝党和后党的明显分化。所谓帝党，是指拥戴光绪皇帝的一派政治力量。所谓后党，是指为慈禧太后所操纵利用的一派政治势力。他们之间争逐的核心问题是争夺最高统治权，但也反映出对民族危机和国家前途的不同态度。这在甲午战争时的和战问题上突出表现出来。一般说来，帝党是倾向于主战的，而后党倾向主和。到了 1894 年的 6～7 月间，形势非常紧张，可谓是风雨欲来、战云密布，帝党既为国家的前途忧虑，同时也希望借机加强自己的权力和地位，主战的调门颇高。而以慈禧为首的"后党"，却一心力保和局。慈禧害怕日本的武力威胁，同时又正大肆铺张为自己筹办六十寿辰庆典。尽管列强与日本在侵华问题上有争夺，但又各怀利己之心，不反对日本发动对华战争，都想借之扩大自己的侵华权益。战争是不可避免了。

日本为了侵华的需要，把魔爪伸向中国的藩属国朝鲜。1876 年，日本海陆军开赴朝鲜，以武力胁迫朝鲜签订《江华条约》，获得了通商租地、领事裁判权，以及在朝鲜沿海自由航行等侵略特权。日本在朝鲜扶植亲日派，排挤清政府在朝鲜的势力。1882年，朝鲜统治集团内部不同派系互相倾轧，发生了军事政变——"壬午兵变"。日本政府借口本国使馆人员遭受损害，大举进兵朝鲜。清政府担心日本乘机控制朝鲜政府，派兵进入朝鲜，迅速平定了内乱，日本侵略军见一时无隙可乘，使以赔偿损失为借口，胁迫朝鲜政府签订了《仁川条约》，获得了在汉城的驻兵权。

1884年，中法战争爆发，日本以为有机可乘，策划朝鲜亲日派官员发动"甲申政变"。朝鲜国王在清军的帮助下，镇压了政变。日本政府就此对清政府进行要挟，于1885年4月派宫内大臣伊藤博文来华，与清政府订立了《中日天津会议专条》，规定朝鲜今后若发生重大变乱事件、中日两国或一国需要出兵朝鲜，必须事先相互知照，这样，日本进一步加强了在朝鲜的地位，从而为日后发动中日甲午战争埋下了伏笔。

1894 年春，朝鲜南部爆发了大规模的农民起义，因为领导这次起义的组织叫"东学党"，所以这次起义叫"东学党起义"。朝鲜政府无力镇压起义，请求清政府派兵帮助。日本就此设置了陷阱。表面上它不但没有反对，反而极力怂恿，诱惑清政府出兵朝鲜。中国一经出兵，它就可以以此为口实，也派兵进入朝鲜，进而发动对中国的战争。6 月上旬，清政府决定派直隶提督叶志超率陆军 1500 人去朝鲜，进驻朝鲜京城汉城以南的牙山。清政府按照条约规定，把中日对朝出兵之事知照日本政府。日本则更大规模地向朝鲜派兵，以保护侨民为名，陆续派兵 1 万多人进驻朝鲜，控制军事要地，并占领了朝鲜的首都汉城。

1894 年 7 月 25 日，清政府雇佣英舰"高升"号运兵增援朝鲜牙山，并派"济远"、"广乙"、"操江"三舰护送，日本派舰队在丰岛附近海面发动突然袭击，"广乙"号被重创后撞海滩焚毁，"操江"被掳，"济远"管带方伯谦临阵命舰队逃脱。"高升"号被击沉，船上近千名清兵罹难。日本不宣而战，以偷袭方式，正式挑起战争。丰岛海战发生后，李鸿章仍把制止战争的希望寄托在外国干涉上。在丰岛海战的同日，日本又派出4000多名陆军进犯牙山的中国驻军。在7月29日，战斗打响，聂士成部奋勇杀敌，因为没有后援，众寡悬殊，随后突围退往公州，主将叶志超早已率部撤退，聂士成部赶上他，撤至平壤。叶志超临阵畏惧，未战先逃，却以"自接仗以来，毙敌不下5000余人"的大胜利电告李鸿章，李鸿章据以入奏，将叶志超升任"诸军统帅"。此战之后清军看到求和已不可能，被迫于8月1日对日宣战，日本也于同日对中国宣战。经牙山之战，驻朝清军都退至平壤。这里也就成为日军选择的决战场所。日本以陆军大将山县有朋为司令，率侵略军万余人分四路进逼平壤。当时清军共35营约2万人，由叶志超总领，从9月15日开始，日军发起总攻，左宝贵率军奋战以身殉国。而叶志超，则在城上遍插白旗，向敌乞降。这次战斗清军损失较大。平壤之战是中日战争在朝鲜境内的一次最大、最关键，同时也是最后的一次战役。经平壤之战，原在朝鲜的清军还剩万余人，由叶志超带着一路狂奔，渡过鸭绿江，退至国内。

9月17日，即平壤失守的第二天，日本海军又对清朝北洋海军进行袭击。北洋海军护送增援部队至大东沟，上午11时，正当北洋舰队准备返航旅顺之时，日本舰队前来进袭，水师提督丁汝昌下令起锚，准备迎战。所遭遇的日本般队有舰12艘，兵力3500余人，北洋舰队有舰10艘，另有4艘鱼雷艇，兵力2300余人。就军舰的总吨位看，北洋舰队3.1万吨，日本舰队3.8万吨。从总的情况看，双方力量大致相当，而日方稍占优势。战斗刚开始不久，因北洋舰只多年失修，开炮时震裂，在船上指挥的丁汝昌摔下来身受重伤，定远管带刘步蟾代为指挥。经远号在管带林永升的指挥下，奋战敌舰，舰只中鱼雷沉没，军舰官员战斗到最后一息。致远号在弹尽受伤后，在管带邓世昌的命令下撞击日舰吉野号，中途不幸被鱼雷击中，全舰官兵英勇牺牲。济远号管带方伯谦，刚和日舰接触就挂起"本舰重伤"的信号转舵逃跑。"广甲号"在管带吴敬荣的命令下也逃跑，途中将受伤的"扬威号"也撞毁了。最后双方各自整队，日方先撤离战场，北洋舰队损毁5艘舰只（致远、经远、超勇被击沉，杨威、广甲自毁），死伤官兵1千余人，日本方面没有沉没的舰，但也有数艘受到重创，伤600余人，比较起来，北洋舰队方面损失大些，但主力尚存。但此一战，李鸿章为了保存自己的实力，下令北洋舰队固守威海卫军港，北洋海军从此失去了制海权。

北洋海军原有两大基地，即旅顺和威海卫，隔海相对。日军攻下旅顺后，便又把威海作为攻占的目标，1895年1月20日，日军开始在荣城湾（威海卫东北）登陆，它采取的战术是"打后锁前"，即从这里登陆包抄威海卫后路，而以海军配合在海面封锁北洋海军。北洋水师完全处于被围困的被动境地，丁汝昌下令余舰冒死突围，继又命令炸沉舰船以免资敌，但一些将领拒命。定远管带刘步蟾将搁浅的定远号炸沉，并于当夜愤然自杀。2月11日，丁汝昌也在绝望中自杀。英国顾问浩威假借丁汝昌名义作降书，向日军投降，余舰11艘及一些军资器械为日军所获。至此，威海卫战役以清军失败告终，同时李鸿章经营多年的北洋海军也至此覆灭。从1895年1月起，湘军出动6万人"东征"，驻扎山海关内外以两江总督、湘系要员刘坤一为钦差大臣，同样是一触即溃。

旅顺失守以后，清政府就派户部侍郎张荫桓、湖南巡抚邵友濂为全权大臣赴日议和。但这时日本无心议和，决心给清朝以更大的打击，以逼它彻底就范，遂以清政府所派代表职位太低，"全权不足"为借口，拒绝和谈。3月20日，李鸿章开始与日本首相伊藤博文、外务相陆奥宗光，在日本马关的青帆楼开始谈判，一直到4月17日《马关条约》签订。至此，中日甲午战争正式结束。《马关条约》其主要内容是：确立朝鲜独立自主；中国割让辽东半岛、台湾全岛及其附属岛屿澎湖列岛给日本；赔偿日本军费白银2亿两，分8次在七年内交清；增开沙市、重庆、苏州、杭州为通商口岸；日本船可以沿内河驶达以上各口；允许日本在通商口岸投资建厂。其中，割让辽东半岛一款，由于沙俄勾结法国和德国进行干涉未能实现，而由清政府另付出3000万两白银的"赎辽费"。甲午战争战败及其《马关条约》的签订给中国带来了巨大危害。

第一，割占中国大片土地，进一步严重破坏了中国的领土完整。俄、法、德三国认为日本占据辽东半岛妨碍了它们在中国的侵略，后来经三国干涉清政府以3000万两白银赎回，但不免成为列强角逐之地。台湾从此落入了日本殖民主义者的魔掌达半个世纪之久。

第二，勒索了中国的巨额赔款，这是对中国的一次残酷的经济掠夺，使清政府财政进一步破产，同时也为侵略者进一步控制中国创造了条件。因为这么多的款额，靠清政府的财政无法支付，只有向列强大举借债，而这种借款，显为政治性借款，要靠清政府给予列强诸多政治、经济权益换取。

第三，适应了资本主义过渡到帝国主义而对华实行资本输出的需要。规定日本可以在中国投资设厂，并增开通商口岸给予日货运销的诸多特权。列强根据片面最惠国待遇的特权。得以任意在中国投资设厂，大肆进行资本输出，使之合法化，这是对中国民族工业发展的巨大阻碍和沉重打击，使民族工商业在原料、劳力、市场等方面面临更严峻的局面。另外，日本控制朝鲜，这为日本侵略中国本土提供了一个便利的据点。

甲午战争对中国社会历史的影响是巨大的，甲午战争大大加深了中国的半殖民地半封建化和民族危机，通过甲午战争中国社会的半殖民地化进一步加深。

5. 八国联军侵华与《辛丑条约》的签订

甲午战争惨败，帝国主义加紧全面侵略中国，1895～1899 年各帝国主义掀起瓜分中国的

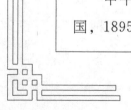

狂潮，中华民族的灾难空前深重。在接踵而来的种种危机面前，中国各阶层民众逐渐觉醒，开始通过各种途径寻求抵御外辱、富国强民之路。

一方面以康有为首的改良主义者掀起了一场颇具声势的变法维新运动。1898年在光绪皇帝的支持与积极推动下，全国自上而下地推行"新政"——仿照西方资产阶级国家的政治制度和社会制度以改造中国。对于顽固守旧势力来说，维新的威胁不下于瓜分。为了保障自己的权位，他们拼死反扑，终于通过慈禧太后发动了戊戌政变，光绪囚禁瀛台，维新六君子血染菜市口，康有为、梁启超逃亡海外，一批和维新有牵连的官员被贬斥、革职、监禁、充军，维新的反动笼罩全国。戊戌变法失败后，以那拉氏为首的顽固派官僚继续执政，坚决反对任何改革。

另一方面民间反帝运动风起云涌。1899年，以民间操演拳术的秘密结社和信奉白莲教的群众为基础发展起来的义和团，首先在山东举起了反帝斗争的大旗，势力迅速扩展到华北、东北及内蒙古等广大地区，反对外国侵略，打击外国教会势力。1900 年春，义和团进入京津地区，面对着风起云涌的群众运动，清政府在一时无力镇压的情况下，宣布承认义和团合法。这样，义和团很快进入了天津，控制了北京，仅北京城内的义和团就发展到十多万人。全国各地群众纷纷起义响应。义和团反帝爱国运动迅速在全国掀起了中国近代史上新的一轮农民革命高潮。

义和团运动的迅猛发展，严重威胁各帝国主义在华权益，引起了它们的极度恐慌。1900 年 5 月下旬，各国政府借口"保护使馆"，先后派兵进驻京、津。6 月，英、美、德、法、俄、日、意、奥八国便以"保护"使馆与侨民为由，组成联军，发动了对中国的大规模侵略战争。八国联军在英国海军中将西摩尔指挥下，由天津进攻北京。义和团在廊坊、大沽、天津、北京等地英勇抗击八国联军，给侵略者以沉重打击。清政府原本企图以安抚的办法控制义和团，避免群众革命斗争的冲击，但它无法控制人民群众反帝斗争的怒火。面临帝国主义直接出兵镇压、人民群众反侵略斗争的烈火越烧越旺的形势，清政府出于维持自己统治的目的，于6月21日向帝国主义"宣战"。但在暗中却进行投降活动，大大削弱了义和团的力量。7月14日，天津失守。8月4日，八国联军拼凑了两万余人向北京进犯。正当义和团和部分清军浴血苦战之时，清政府却于7日正式任命李鸿章为议和全权代表，向侵略者乞和，使义和团与清军斗志大减。14日，侵略军攻至北京城外，慈禧带着光绪和她的亲信臣仆，仓惶逃往西安。15日，北京终于失陷。9月底，由德军统帅瓦德西率领的八国联军又大批抵达北京，进而攻掠北京附近各地。慈禧在逃亡途中，一方面授权李鸿章"便宜行事"，要他赶快与帝国主义商谈投降；另一方面则发布命令，要官兵对义和团"痛加铲除"。由于八国联军的血腥镇压和清政府的残酷迫害，义和团运动失败。

　　面对着帝国主义列强的野蛮掳掠和屠杀，清朝政府一味退让妥协。而八国联军在侵占北京后，争着从中国攫取最大的利益。经过反复的讨价还价，列强各国逐渐达成一致意见，接受美国提出的第二次"门户开放"政策，继续维持以慈禧太后为首的清廷的统治，形式上保持中国的"领土与行政完整"，实质上是要建立对中国的共管。在此基础上，1900年12月22日，英国、俄国、德国、法国、美国、日本、意大利、奥地利、比利时、西班牙、荷兰等国公使组成公使团，提出《议和大纲》十二款，并声称这些条件"无可更改"。慈禧见条款上没有将她作为祸首加以惩办，竟大喜过望，感激涕零，提出要"量中华之物力，结与国之欢心"，下令"全行照准"完全接受列强的无理要求。之后，列强又根据《议和大纲》拟定出详细条款，这就是丧权辱国的《辛丑各国和约》，也称《辛丑条约》。《辛丑条约》除正约外，还有个附件。该条约在文本开首便写道："拳匪猖乱，开衅友邦，致酿成八国联军之祸。"将八国联军侵华的罪行归咎于中国人民的正义斗争，并在各项条款中严重侵犯了中国的主权和领土完整。条约的主要内容有：

第一，清政府向各国赔款白银四亿五千万两，分三十九年付清，年息百分之四，本利共计高达九亿八千多万两，还有各省地方赔款二千多万两。这是帝国主义列强发动这次战争要达到的最直接的目的之一。为了保证能够从中国勒索到这笔巨额赔偿，列强胁迫清政府以关税、盐课等款项为抵押，既从经济上控制了中国，又进一步侵犯了中国的主权。

第二，迫令清政府派钦差大臣前往德国，对德国公使克林德因参与镇压义和团而被中国人民杀死一事，表示"惋惜之意"。不仅如此，列强还强迫清政府"在遇害处所竖立铭志之碑，与克大臣品位相配，列叙大清国大皇帝惋惜凶事之旨，书以辣丁（拉丁）、德、汉各文"。在中国的领土上为侵略者立碑，是列强强加于中国人民的奇耻大辱。

第三，拆除大沽炮台以及从北京直到渤海

一线的所有炮台，帝国主义各国的侵略军队，有权在从北京到渤海湾沿途的黄村、廊坊、杨村、天津、军粮城、塘沽、芦台、唐山、滦州、吕黎、秦皇岛、山海关十二处驻扎。在北京设立"使馆区"，帝国主义各国可以在这里驻兵，中国人民不准在这个区域内居住。还禁止把军火和制造军火的各种原料运入中国。列强企图以此彻底解除中国军民的武装，使外国军队自由出入中国之境。

第四，将总理衙门改为外务部，"班列六部之前"，以办理今后对帝国主义的交涉。列强迫使清政府把外务部摆到其他各部之前，目的是要把效劳于外国侵略者作为头等大事。这说明帝国主义加紧控制清政府和干涉中国内政。

第五，惩办支持义和团"灭洋"的大臣。永远禁止人民群众成立或者参加任何具有反帝性质的组织，违者一律杀头。地方管辖区内如发生此类事件，"必须立时弹压惩办，否则"即行革职，永不叙用"。清政府遵照列强的旨意，根据帝国主义各国开列的名单，将上至亲王、大臣，下至各省文武官员百余人，分别斩首、充军或革职。列强借清朝统治者的手惩罚参与反帝爱国运动的人民，其无理蛮横以及清政府的丧权辱国以至于此。

《辛丑条约》的签订是八国联军侵略战争的直接后果。这个条约对中国近代历史具有重大的影响。即中国的半殖民地地位至此确立。巨额的赔款严重破坏了中国的社会经济，不仅加剧了清廷财政危机，而且使列强得以控制了清廷除田赋之外的主要财政来源；使馆区的设立，炮台的拆除，军队的驻扎等，使列强进一步强化了对清廷政治和军事控制。至此，中国成为世界上一切帝国主义国家自由进出的、任意掠夺的半殖民地；清王朝完全向帝国主义列强屈服，出卖国家民族利益，保护外国人并镇压人民"排外"斗争，从而完全成为帝国主义统治中国的驯服工具。正如费正清说的那样，《辛丑和约》"标志着清王朝对外关系的最低点，王朝万世一系的幻想已经成了泡影"。腐朽、无能、苟且偷安而一味卖国的大清王朝让它的子民彻底失望了，它在内外危机的风雨飘摇之中走向了它的末日。

（三）半殖民地半封建社会的延续与终结

1. 辛亥革命的失败与半殖民地半封建社会的延续

《辛丑条约》签订后，一方面，帝国主义各国加紧了对中国的掠夺与控制。它们除了继续在中国遍设各种工厂外，还进一步夺取筑路和开矿的权利，用直接投资和高利贷两种方式把持中国铁路、矿山。路矿权利的不断丧失，成为当时中国极为严重的问题。列强把夺取铁路权作为其扩张侵略势力的有效手段，进而控制铁路沿线的森林砍伐、矿山开采权，甚至可以派驻军队，干预行政。到 1911 年清朝灭亡时，中国已修成铁路总长为 9292 公里，其中有 40％是控制在列强手里。除铁路、矿业外，在航运业、棉纺业、造船业、烟草业、金融业等方面，帝国主义的投资也迅速增加。帝国主义对中国社会政治经济的渗透和控制，进一步将其推向了殖民地的深渊。时人惊呼："经济即尽，国家随亡，于是分割土地以为殖民地，中国完结矣！"另一方面，国内社会矛盾激化，民变四起。巨额的对外赔款，使清政府不能承受，只能转嫁给民众。人民负担沉重，各地反洋教斗争，抗捐、抗税、抗租斗争，工人罢工斗争，商人罢市斗争，少数民族与会党起事层出不穷。1902～1911 年，各地民变达 1300 余起。这期间还发生了拒俄、拒法、抵制美货等爱国运动，以及收回利权和保路运动等。全国性的民变和爱国运动，反映了广大人民再也无法照旧生活下去，预示着一场暴风骤雨的来临。

在民族危难如此深重的局势下，一方面，清政府为了保住自己的阶级统治，缓和人民的仇恨情绪，安抚统治阶级内部各派和拉拢民族资产阶级改良派，在 1906 年，宣布"预备立宪"，仿照日本实行君主立宪制，并于 1908 年颁布《钦定宪法大纲》。另一方面，清政府虽然同意立宪，但迟迟不答应资产阶级立宪派提出的关于迅速召开国会的要求，还镇压了立宪派的国会请愿运动。1911 年 5 月责任内阁成立，国务大臣共 13 人，其中满族 9 人，皇族成员多达 7 人，被讥讽为"皇族内阁"。"皇族内阁"的出笼不仅引发了立宪派的不满，而且加剧了统治集团内部汉族与满族官僚的矛盾，清政府陷入无法照旧统治下去的境地。

1911 年 5 月，清政府又假铁路国有之名，将已归民间所有的川汉、粤汉铁路筑路权收归国有，马上又出卖给英、法、德、美四国银行团，清政府的这种卖国行径激起湘、鄂、粤、川等省人民的强烈反对，掀起了保路运动。保路运动在四川省尤其激烈，各地纷纷组织保路同志会，参加者数以 10 万计。清政府下令镇压，枪杀数百名请愿群众，下令解散各处保路同志会。清政府的暴行激起四川人民更大愤怒，他们将各处电线捣毁，沿途设卡，断绝官府来往文书，并掀起武装暴动，把保路运动推向高潮。湘、鄂、粤、川等省人民的保路斗争，成为武昌起义的先声。

1911 年的广州起义和四川保路风潮，使全国革命形势迅速高涨，清王朝的统治愈加风雨飘摇，客观上为武昌起义提供了良机。9 月 24 日，湖北革命进步团体共进会和文学社正式联合成立了统一的起义领导机构。10 月 10 日，新军工程第八营的革命党人在熊秉坤率领下首先起义，一举占领了楚望台。随后，步兵、炮队、辎重各营和陆军测绘学堂的学生闻风响应，齐集楚望台，向总督衙门发起进攻。经一夜激战，革命军攻克督署，占领了武昌，起义取得了胜利。11 日、12 日，汉阳、汉口的新军也先后起义，武汉三镇全部被占领。

武昌起义后不到两个月，内地 18 个省中已有 14 个省举旗"独立"。革命浪潮激荡全国，也带动了广大农村地区农民群众自发性反抗斗争的发展。从武昌起义到 1912 年年底，全国农村较大规模的群众起事达 150 多次，有力地冲击了农村的旧秩序。各省的纷纷"独立"和人民群众的自发斗争，汇成了资产阶级民主革命的高潮。清王朝的统治四面楚歌，陷于土崩瓦解。

11 月 30 日，各省代表会在汉口英租界举行。会议通过《临时政府组织大纲》二十一条。大纲规定：临时大总统由各省督府代表选举，参议院由各省都督府各派参议员三人组成。但是会议没有讨论如何组织力量打退作为清廷钦差大臣、节制湖北水防备军的袁世凯的进攻，争取革命在全国的胜利，反而通过"如袁世凯反正，当公举为大总统"的决议。包括革命派在内，南方各派势力从一开始便对袁世凯抱有幻想。12 月 25 日，孙中山抵达上海，革命派的声势大振。他们立即决定推举革命领袖孙中山为临时大总统。立宪派和旧官僚也认为在争取袁世凯反正以前，过渡总统"非孙莫属"。12 月 29 日，孙中山当选为临时大总统。

1912 年 1 月 1 日，孙中山在南京宣誓就职，宣告中华民国临时政府成立。次日，通电各省改用阳历，以 1912 年为中华民国元年。

南京临时政府的成立，推动了全国的革命形势，也震动了帝国主义阵营，帝国主义列强把南京临时政府视为眼中钉，竭力通过各种途径，运用各种手段，把它扼杀在摇篮之中。

第一，在政治上拒不承认临时政府。革命派把争取获得列强的承认，作为临时政府的首要目标。孙中山在临时政府成立后不久，立即发表对外文告，要求各国予以承认，但得不到响应。1912 年 1 月 11 日、17 日、19 日，外交总长王宠惠连续三次要求列强承认，均无一字答复，帝国主义公开扬言不把政权交给袁世凯就不承认中华民国。

第二，在经济上对临时政府进行封锁和扼杀。在南京临时政府陷入严重财政危机的形势下，帝国主义一方面把持海关及部分常关、盐厘的税收，拒绝交付给临时政府；另一方面，又借口他们抢夺的全部海关关税还不足以抵充到期的外债和赔款本息，向南京临时政府和各省军政府逼债，欲置临时政府于死地。

第三，在军事上对临时政府进行恫吓。1912年1月4日，英、美、德、法、日等国的司令官在北京开会，援引《辛丑条约》第九款的规定，悍然决定向北京至山海关沿线派驻侵略军，总兵力达七千多人。同时，英国还从印度等地陆续调兵集结在香港待命。列强向中国增派侵略军队企图镇压北方各省的革命运动，向临时政府施加压力。

第四，在舆论上恶毒攻击孙中山和临时政府。帝国主义国家的许多报刊通过造谣诬蔑，企图使人们相信，孙中山领导下的南京临时政府只能给中国带来混乱、灾难和瓜分。帝国主义的《字林西报》在孙中山当选总统的第二天就发表社论，攻击南京临时政府是"独裁"，是"寡头政治"。

早在武昌起义后不久，帝国主义列强即欲支持清王朝，武装干涉中国革命；后因列强在华的利害不尽相同，彼此之间矛盾重重，加以中国各省新军大都已经反正，其士兵和战斗力不可抵估，而清王朝已完全丧失民心，如同风雨飘摇中的破船即将被革命怒涛吞没；因此，帝国主义列强决定在"中立"的幌子下，物色一个"强有力"的人物，以达到破坏革命，在中国继续维持半殖民地半封建统治秩序的目的。在帝国主义列强看来，北洋军阀头子袁世凯正是这样的人物。因此，帝国主义在1911年清政府重新起用袁世凯后，从政治、军事、财政等方面给他有力的支持，列强向北洋军提供了大量的武器弹药，以增强袁世凯的军事实力，1912年1月，由袁内阁的度支部出面，向德商瑞记洋行两次借款共七十五万镑（合白银七百三十万两），主要用于向德奥等国购买军火。帝国主义还竭力宣扬袁世凯是中国"强健有为之大政治家"，企图通过袁来篡夺辛亥革命果实。

在帝国主义的支持配合下，袁世凯左右开弓，既借革命势力来威胁清政府，又借清朝力量来威胁革命政权，以达到既搞垮南京临时政府，又推倒清王朝，最后篡夺国家政权的目的，帝国主义指使袁世凯绞杀中国革命，大体经过了三个阶段。

第一阶段，从 1911 年 11 月下旬，帝国主义和袁世凯策划"南北议和"阴谋开始，到 12 月底"南北议和"破裂。"南北议和"表面上是君主与共和之争，实质上是决定由谁来掌握政权。

第二阶段，从南京临时政府成立起，到 2 月 15 日临时参议院选举袁世凯为临时大总统。袁世凯在帝国主义的支持下，既完成了"逼宫"，又抢到了临时大总统的宝座。

第三阶段，从 2 月中旬开始，到 3 月 10 日袁世凯在北京就任临时大总统。

至此，辛亥革命的胜利果实被袁世凯完全篡夺，同时也意味着辛亥革命以失败而告终。

无可置疑，辛亥革命是孙中山领导的有广大人民群众参加的资产阶级民主革命，是一次具有开创性和划时代意义的重大斗争，有着伟大的历史意义。尤其是辛亥革命推翻了统治中国二百六十多年的清王朝，正式宣告了在中国已经延续了两千多年的中国封建君主专制时代的终结。这是中国人民的一个伟大胜利，是一个了不起的历史进步。但是，辛亥革命以失败而告终。革命成果被帝国主义的走狗和封建买办势力的代表人物袁世凯所篡夺，资产阶级共和国名存实亡，中国人民反帝反封建的革命任务没有完成。辛亥革命之所以没有完成反帝反封建的任务，是因为当时中外反革命势力联合的力量远远大于革命力量；是因为这次革命的领导者民族资产阶级是一个政治上、经济上十分软弱的阶级，缺乏彻底地反帝反封建的勇气和力量，对帝国主义、封建主义的反动本质认识不清，看不到人民群众，特别是广大农民群众的巨大力量。

辛亥革命的最后失败，给中国人民留下了极为深刻的教训，其中最主要的教训是：帝国主义和封建主义是中国革命最主要、最凶恶的敌人，是阻碍中国历史和社会发展的最大阻碍；软弱的中国资产阶级及其政党没有能力领导中国的民主革命取得彻底胜利；在帝国主义时代，在半殖民地半封建的中国，走资产阶级共和国的道路是行不通的。

2. 北洋军阀的穷兵黩武与半殖民地半封建社会的加深

第一次世界大战结束后，各帝国主义国家又卷土重来，中国又成为帝国主义列强互相争夺的角逐场。1915 年日本向袁世凯秘密提出灭亡中国的"二十一条"；1917～1918 年，日本通过"西原借款"向段祺瑞提出"倍于二十一条"的更加苛刻的条件，全面地控制了中国，并侵占了中国大片领土。其他帝国主义为了打破日本的独霸局面，一方面支持中国的军阀战争，极力扶植自己的代理人；另一方面通过国际会议向日本施加压力，为谋求帝国主义在华利益的均衡寻找新的妥协。1921～1922 年，举行"华盛顿会议"，签订《九国公约》，帝国主义终于达成妥协，重新造成了各帝国主义列强协同侵略、共同宰割中国的局面。

1914 年 8 月第一次世界大战爆发，英、美等西方列强陷入欧战，无暇东顾，于是日本便企图乘机独占中国。它借口对德宣战，派兵在中国的山东半岛登陆，夺得了德国在山东的侵略地位。1915 年 1 月 18 日，日本向袁世凯秘密提出灭亡中国的"二十一条"。

"二十一条"共分为 5 号，其主要内容为：中国承认日本接管德国在山东所享有的一切权利，并加以扩大；中国延长日本租借旅顺、大连及南满、安奉两铁路的期限为 99 年，并承认日本在南满及内蒙东部的特殊权利；中日合办汉治萍公司，附近矿山未经公司同意，不准他人开采；中国沿海港湾及岛屿，不得租借或割让与他国；中国中央政府须聘用日本人为政治、军事、财政等顾问；中国警政及兵工厂由中日合办；日本在武昌到九江、南昌至杭州、潮州间有铁路修筑权；在福建有投资修建铁路与开矿的优先权等。

"二十一条"是灭亡中国的条件。袁世凯当儿皇帝心切，急于争取日本的支持，不惜卖国求荣。他派外交总长陆征祥、次长曹汝霖与日本公使秘密谈判。经过数月交涉，日本以最后通牒方式，迫使袁世凯于 5 月 9 日接受了除第 5 号外的全部要求。袁世凯在接受"二十一条"，获得日本支持后，便自以为万无一失，开始放手推进帝制活动。1915 年 8 月，首先由袁世凯的洋顾问古德诺（美）和有贺长雄（日）出面，先后发表《新约法论》、《共和与君主论》等文章，诬蔑中国人民知识低下，甚至公然鼓吹，中国应由袁世凯做皇帝，统揽大权。12 月 12 日，袁世凯接受"推戴"为中华帝国皇帝，下令改次年为"洪宪"元年。

在袁世凯准备称帝期间，孙中山的中华革命党和梁启超的进步党等组织曾派人赴云南策动武装起义。前云南督军蔡锷与云南将军唐继尧等人，于 1915 年 12 月 25 日在昆明宣布云南独立，旋即建立云南部督府，组织约 2 万人的讨袁护国军。袁世凯急令北洋军和川、湘、粤等省军队共约 8 万人，从川、湘、粤三路攻汉，企图一举歼灭云南护国军。经过四川之役、湘西之战、滇桂边之战，袁世凯三路攻滇计划失败，加上在广东、山东等地袁军亦遭到打击，外交上又连受挫折，做了八十三天皇帝的袁世凯被迫于 1916 年 3 月 22 日宣布撤销帝制，企图保留大总统的职务。5 月 8 日，为彻底推翻袁世凯的独裁统治，已独立的滇、黔、桂、粤等省在广东肇庆成立对抗北洋政府的军务院。不久，陕西、四川、湖南等省相继宣部独立。反对袁世凯的风暴不断扩大，袁世凯无法继续维持统治，于 6 月 6 日在绝望中死去。袁世凯死后，北洋一系群龙无首，顿时陷入到了四分五裂的状态，随之各地大小军阀割据，中国进入到了一个军阀混战的年代。

在各帝国主义势力的控制下，北洋军阀在袁世凯死后分裂成皖系、直系和奉系三大派别。其中皖系和直系是袁世凯北洋军阀的嫡系：直系军阀头子是冯国璋，死后被曹锟、吴佩孚取代。他们依附英、美帝国主义，占据直隶、江苏、江西、湖北等省。皖系军阀以段祺瑞为首，投靠日本帝国主义，控制安徽、山东、浙江、陕西、福建等地。奉系军阀则以张作霖为首，以日本帝国主义为靠山，盘踞在东北地区。其他各省，也为大小军阀所统治：晋系军阀阎锡山占据山西，滇系军阀唐继尧占据云南、贵州一带，桂系军阀陆荣廷占据广东、广西，湘系军阀谭延闿占据湖南。在各派军阀中，势力最大的是皖系、直系和奉系三大派系经过激烈角逐，明争暗斗，以段祺瑞为首的皖系军阀终于在日本帝国主义的支持下控制了北京中央政府。段祺瑞当政期间，与黎元洪爆发了著名的"府院之争"，1917 年 6 月 7 日，张勋以调停为名，率 3000 名辫子军北上，在与段祺瑞密谋后，张勋致电黎元洪，迫其于 13 日解散了国会。次日，张勋率部入京，并于 7 月 1 日凌晨，拥立年仅 12 岁的溥仪登基，宣布清朝复辟，恢复清末旧制。一时间，北京城里三角龙旗翻飞，封建余孽个个粉墨登场，弹冠相庆，一片乌烟瘴气。

张勋复辟引起了全国反对，北京市民纷纷拒挂龙旗，许多报纸自动停刊，以示抗议。湖南、广东、上海等地人民举行集会，愤怒声讨张勋的复辟罪行，要求"护法讨贼"。段祺瑞借助张勋解散国会，赶跑黎元洪，达到了自己的目的。他看到全国人民一致声讨复辟，便乘机组织"讨逆军"，自任总司令，宣布讨伐张勋。"讨逆军"攻入北京，辫子军溃散，溥仪再次宣布退位。这次复辟前后只维持了 12 天，就宣告破产。

张勋复辟失败后，黎元洪通电下野，由冯国璋代理大总统。段祺瑞获得了"再造共和"的桂冠，重新继任国务总理。北京政府不仅依旧由北洋军阀当政，而且大权仍然操纵在段祺瑞的手中。段祺瑞政府对德宣战。在参战的名义下，它向日本大借外债，以扩充皖系军阀的实力，总额高达 5 亿日元。这些借款大都由日本政客西原龟三经办，所以通称西原借款。段祺瑞政府为了获得这些借款，不惜向日本出卖大量国家权益：承认日本继承德国在山东的侵略权益，并将东北的吉长、吉会铁路，以及所谓满蒙五铁路和吉林、黑龙江两省的金矿、森林以及印花税、常关税、交通银行等抵押给日本；允许日本派遣军官训练中国军队。

俄国十月革命爆发后，段祺瑞政府又与日本订立反苏的军事协定，允许日本在中国驻军，战时日本可以向中国军队派遣"联络主任"，实际上使日本得以指挥中国军队。日本也正是通过这些对华贷款，进一步控制了中国的政治、经济和军事大权，达到了它在袁世凯时期所未能达到的侵略目的。

第一次世界大战爆发后，美国无力东顾，在中国问题上转而求与日本妥协。1917 年 11 月，美国国务卿兰辛与日本外务相石井菊次郎在华盛顿签订了《兰辛石井协定》。规定美国承认日本在中国有"特殊利益"，日本也重申尊重美国的门户开放政策。这个协定以牺牲中国的利益为前提，暂时实现了美日两国间的妥协，同时又为日本独占中国提供了有利的机会。段祺瑞对外卖国，对内则谋专制独裁。国会和《临时约法》是共和国的象征。当张勋复辟、解散国会时，孙中山就发出了"护法"的号召。张勋复辟失败后，孙中山又致电段祺瑞，要他恢复《临时约法》，实行资产阶级民主制度。但是段祺瑞等置之不理，公开宣布：一不要约法，二不要国会，三不要总统。段祺瑞试图另行组织临时参议院，目的是要抛弃国会和约法，实现皖系军阀的独裁统治。孙中山看到了在段祺瑞等北洋军阀的统治下，中华民国依然有名无实，明确提出要打倒假共和，建立真共和，号召拥护临时约法，恢复国会。

1917年7月17日，孙中山南下广州，举起了护法的旗帜。原国民党议员也纷纷到达广州。西南军阀想借孙中山的政治威望对抗段祺瑞，以求保存和扩大自己的实力，所以暂时也支持孙中山的护法主张。9月10日，孙中山宣誓就职，宣布段祺瑞等人为叛逆，并出师讨伐。西南军阀参加护法是对付段祺瑞以求自保的权宜之计，而非真正拥护孙中山的护法主张，在与直系军阀有了勾结之后，便开始多方排斥孙中山。1918年1月，唐继尧、陆荣廷等成立"中华民国护法各省联合会"，推岑春煊为议和总代表，加紧谋求与北洋军阀妥协。5月，改组军政府，变元帅制为总裁制，迫使孙中山辞去大元帅职。改组后孙中山虽被推为七总裁之一，但实际权力已为唐继尧、陆荣廷等西南军阀所篡夺。孙中山见事不可为，便于5月21日愤而离开广州，前往上海，护法运动失败了。

孙中山领导的护法运动与"二次革命"、护国运动一样是一场反对军阀专制统治，挽救民主共和制度的斗争，在性质上同样属于资产阶级民主主义革命的一部分，是进步的、正义的，有着积极的意义。但护法运动没有能够触及反帝反封建的根本问题，孙中山对军阀的本质缺乏认识，没有依靠广大人民群众，最终失败。护法运动的失败，使孙中山对军阀有了较为深刻的认识。他指出："吾国之大患，莫大于武人之争雄，南与北如一丘之貉。"护法运动的失败表明，中国资产阶级旧民主主义革命已经陷入绝境，资产阶级不能领导中国革命走向胜利。

此后，军阀混战的形势更为严重。段祺瑞勾结奉系军阀张作霖反对直系军阀，又对直系军阀进行分化瓦解，唆使曹锟、吴佩孚出兵攻打西南军阀。曹、吴又在英、美帝国主义的支持下，与西南军阀达成妥协。但段祺瑞仍然梦想实现武力统一，8月，他操纵国会选举，拼凑了所谓的"安福国会"，将直系冯国璋驱逐出北京政府。段祺瑞的疯狂集权注定了他失败的命运，1918年10月，段祺瑞终于被迫下台，段祺瑞下野后，直系军阀控制了北京中央政府。直系军阀上台后，重弹武力统一的老调，1922年在第一次直奉战争中首先将其最强的对手奉系军阀逐出关外，接着其昏庸粗俗的首领曹琨又导演了"贿选总统"的丑剧。吴佩孚也撕下了"劳工神圣"的假面具，制造了震惊中外的"二七惨案"。1924年，直系军阀在全国声名狼藉，四分五裂，终于在第二次直奉战争中，因冯玉祥发动北京政变，反戈一击而一败涂地。直系军阀兵败京津沿线，段祺瑞重新执政，但北京中央政权实际控制在奉系军阀手中。这时，南方国民革命兴起，经过"五卅运动"，形成全国革命高潮。奉系军阀已成强弩之末。北洋军阀的统治终于在 1927 年的大革命中被击垮，奉系军阀头子张作霖也在 1928 年被日本人炸死在皇姑屯车站。

从袁世凯时期算起，北洋军阀真正统治中国 15 年。尤其是在袁世凯死后的十几年间，随着各派军阀势力的消长，北京中央政权的最高统治者像走马灯一样不断更换，内阁更是更迭频繁。这 15 年是中国近代历史上最黑暗的时期，林林总总的大小军阀，对外卑躬屈膝、依靠帝国主义甚至不惜为了实现个人的私欲而出卖国家和民族利益；对内大肆地盘剥百姓，不断挑起战火，致使中国的底层民众生活在水深火热之中，过着食不果腹、衣不遮体的日子。具体特征如下：

第一，北洋军阀的反动统治加剧了对人民的政治压迫。袁世凯一上台就先后颁布了《暂行新刑律》、《治安警察条例》、《出版法》、《报纸条例》、《惩戒国贼条例》等法令，剥夺了人民群众的言论、出版、集会、结社等基本权利；军阀们建立起严密的特务网，稽查、暗探遍布各地。不仅社会最下层的工人罢工、农民反抗要受到严厉制裁，而且社会中、上层人士对现实政治不满也随时有被加上"乱党"、"国贼"等罪名受到迫害的危险。1911年夏，袁世凯下令杀害了武汉地区的一批革命党人。同年8月，他又杀害了在武昌起义中建立了功勋的革命党人方振武等人。1913年，他还指使特务杀害了国民党著名领导人宋教仁，解散了国民党和国会，废除了临时约法，撤免了由国民党人担任的江西、安徽、广东省的都督。两三年间，辛亥革命取得的成果，除了中华民国这块空招牌外，已经荡然无存。

第二，各派军阀对自己控制的区域进行残酷的经济掠夺。各个军阀在自己的领地上称王称霸，各自为政，中国社会陷入严重的四分五裂。军阀是全国最大的地主。袁世凯在河南占地4万多亩，陈炯明在海丰占地3万亩，徐世昌在辉县一地就占地5千多亩，张作霖在东北和内蒙占地 300 多万多亩，曹锟、吴佩孚莫不如是。军阀又都是土皇帝，他们在其统治区内可以自定法律，草菅人命，滥施生杀予夺之淫威，又可以自定税收，敲骨吸髓，极尽剥削搜刮之能事。由于连年战争，各派军阀为巩固和扩大他们的反动统治，不断扩充军队。自 1914～1920 年的 6 年间，江苏的军费开支增加 1 倍。从 1922 年起，湖南省政府的收入不足以抵偿该省的军费。军队扩大，军费增加，这些沉重负担最终都转嫁到劳动人民身上。军阀们为了筹措巨额军费，对人民进行疯狂掠夺：据统计，1912～1919 年，中国田赋猛增 7 倍，其他各种捐税也是成倍增长：1916 年同 1913 年相比，烟酒税增加 3 倍，印花税增加 6 倍。除此之外，各地军阀还巧立名目，征收各种苛捐杂税。如当时河南有杂捐 38 种，杂税 5 种；奉天有杂捐 26 种，杂税 6 种；福建有杂捐 38 种，杂税 5 种；贵州有杂捐 26 种，杂税 6 种。北洋军阀政府还施行预征制，一般预征 3 年的田赋，有的地方甚至预征 5 年的田赋。百姓在横征暴敛下无以为生，挣扎在死亡线上。此外，各地军阀还通过滥发纸币，收敛民财：据《湘灾纪略》记载，这个时期，仅湖南一省就发行"湖南银行银两票 1100 万两、银元票约 900 余万两，铜元票约 1.1 万串；湘西债票 28 万元，湘西银行银元票约 120 万元，铜元票约 20 万串；湘南军用票 100 万元、债票 50 万元；朱泽黄（湘军小军阀）所发出之军用票及谷债票约 50 万元；广西银行票约 200 万元；而伪造之铜元票更无数可查。结果物价飞涨，人民生活十分困苦。在上海"斗米千钱，民不聊生"。苏州"米价增贵……穷民无从得食，多有一家数口吞自来火毙命"。

第三，各派军阀都以出卖国家主权为代价，以取得帝国主义的支持。北洋军阀的统治是依靠帝国主义的支持建立起来的，因而其统治地位靠出卖国家主权来维持。皖系、奉系、晋系以日本为后台，直系、滇系、桂系则以英、美为靠山；他们在军事、经济等方面都依靠帝国主义，并甘当帝国主义统治中国的工具，不惜出卖国家民族利益，是中国历史上最可耻的卖国贼。1913 年 4 月，袁世凯与英、法、日、俄、德正国银行团秘密签订了《善后借款合同》，借款 2500 万英镑，以全部盐税收入作抵押：从此，中国的盐政同海关一样，被帝国主义控制。1913～1914 年两年间，袁世凯先后向帝国主义借款 20 次，总金额达 3.7 亿银元，把大量主权拍卖给帝国主义：1917～1918 年，段祺瑞从日本帝国主义那里得到巨额借款，总数达 5 亿日元以上。这些借款附有苛刻的政治条件，除承认日本继承德国在山东的侵略权益外，还将东北的吉长、吉会铁路及所谓蒙满五铁路和吉林、黑龙江两省的金矿、森林抵押给日本。就这样，北洋军阀进一步把中国推向殖民地、半殖民地的深渊。

第四，各派军阀混战不断，百姓流离失所，苦不堪言。北洋军阀统治时期，各派军阀拼命扩大地盘，争权夺利；而帝国主义列强也力图通过支持和控制不同派系的军阀来扩大自己在中国的侵略势力，从而形成我国近代历史上最黑暗的军阀割据和长期混战的局面。从1912年起，中国的军阀混战几乎连年不绝，甚至一年之内就发生几场战争。军阀混战给中国人民造成了极大的痛苦和无法估量的损失。

总之，帝国主义支持下的北洋军阀，是一批愚顽自信、凶狠残暴的赳赳武夫，又有一批无耻文人做他们的政客与帮闲，所以他们既不讲"文治"，又不讲"法治"，而是实行个人专制的军事独裁，严重地破坏了中国社会生产力的发展，给人民带来了极大的祸患，使中国人民生活在贫穷、落后、愚昧、分裂、混乱的苦难之中，加深了中国半殖民地半封建社会的历史进程，更造成中国社会的空前危机。

3. 国民党的反动独裁统治与中国半殖民地半封建社会的终结

20世纪初中国的政局因第一次世界大战结束，国际政治格局的变化，而出现了新的特点。特点之一是帝国主义协同侵略中国局面再度形成。第一次世界大战期间，日本加强了对

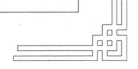

中国的侵略，形成在华的优势。第一次世界大战后，美国为削弱和限制战时形成的日本在华的优势，提出组织新四国银行团并召开华盛顿会议。1920 年 10 月，由英、美、法、日组成的新四国银行团在纽约成立，由它受理一切对华的政治借款和实业借款，打破了日本在经济上对华借款的垄断地位。为了在军事和外交上遏制日本，由美国提议，1921 年 11 月到 1922 年 2 月，美、英、日、法、意、中、荷、比、葡等九国在华盛顿举行会议。会议通过《四国条约》、《五国海军条约》以及《九国公约》，打破了日本独占中国的局面，这是第一次世界大战后中国形势的重大变化之一。

华盛顿会议以后，各帝国主义国家通过商品输出、工业投资和增设国际垄断组织机构等形式，加紧了对中国的经济侵略。仅在商品输出方面，帝国主义各国对华贸易总额，如果以 1913 年为 100 计，1922 年则增加到 165.8。帝国主义不仅加紧了对中国的经济侵略，而且唆使各自支持的军阀进行混战，这就形成了 20

年代初中国形势的另一特点：直、皖、奉三系军阀为抢占地盘，特别是争夺北京政府的控制权，进行了连年不断的战争。1922年爆发了英、美支持的直系军阀和日本支持的皖系军阀之间的直皖战争；1922年爆发了直系军阀和日本支持的奉系军阀之间的第一次直奉战争。直系军阀在两次战争中均取得胜利，控制了北京政府。吴佩孚企图建立直系的专制独裁统治，公开提出"武力统一"的主张，而各省军阀则提出"联省自治"或"自治"相对抗，以保住自己的地盘。这就使国内政局不稳，处于分裂和混乱之中。

由于帝国主义共同侵略中国和封建军阀的连年混战，广大劳动人民生活苦不堪言，不得不奋起求生；中国民族资产阶级蒙受了巨大经济损失，决定了他们能够接受反帝反封建的民主主义革命纲领，而与工人、农民、小资产阶级结成革命的统一战线，打倒共同的敌人帝国主义、封建军阀。

20世纪20年代初，在共产国际的支持与

帮助下，国共两党开始酝酿第一次合作。1924年1月20～30日，中国国民党第一次全国代表大会在广州举行。孙中山致开幕词并作多次讲话，反复强调联俄、联共原则。国民党第一次全国代表大会正式确定了联俄、联共、扶助农工的三大政策。这次大会标志着国共合作的正式建立。国共合作的实现壮大了中国的革命力量，引起了北洋军阀内部的恐慌，1926年上半年，北洋军阀各派系为了维护自己的统治，暂时停止了彼此之间的混战，在帝国主义的支持下，联合向革命力量进攻。当时中国社会的主要矛盾，是国共两党及人民大众与帝国主义及其走狗北洋军阀的矛盾。1926年6月，国民党中央正式通过国民革命军出师北伐方案。7月9日，国民革命军在广州正式誓师北伐。接下来北伐军在不到十个月的时间内，就歼灭了吴佩孚和孙传芳的主力，直下湘、鄂、赣诸省，取得了举世瞩目的胜利。

为了分化中国革命阵线，1926年年底和1927年年初，英、日、美等帝国主义国家先后发表对华政策声明，并派密使与蒋介石谈判。在激烈的阶级斗争而前，以蒋介石为代表的国民党右派，撕去了革命的假面目，频频与帝国主义及北洋反动军阀接触，准备公开叛变革命。1927 年 4 月 11 日，南京蒋介石正式宣布"清党"，次日，开始大肆捕杀共产党员和进步民众，同年 7 月 15 日武汉汪精卫宣布"分共"，至此，第一次国共合作最后破裂，轰轰烈烈的国民革命惨遭失败。

大革命失败后，中国又开始了一轮新的军阀间的混战，经过历时一年多的腥风血雨、明争暗斗，以 1928 年 12 月 29 日张学良"易帜"为标志，国民党南京政府在形式上"统一"了中国，但中国社会依然是帝国主义和封建主义统治下的半殖民地半封建社会。国民党新军阀和北洋军阀相比，卖国和独裁的本质没有改变，其区别在于它近代化程度提高了，统治手段更加多样化、法西斯化了，统治权力更加集中了。

首先，在军事上它建立了一支以黄埔系军

官为骨干的比较稳固的军事集团。这支军队无论在装备的近代化程度上，还是在数量上，都超过了北洋军阀军事集团，而且它在一定程度上保持了指挥上的统一。1932年，国民党新军阀拥有正规军48个军，约200万人；还有庞大的地方武装，1934年仅8个省的保安队就有1700万人。

其次，在政治上一方面打着"三民主义"的旗号，利用《训政时期约法》，使国民党的一党专政和蒋介石个人独裁合法化；另一方面又仿效德国法西斯主义，建立特务组织，实行保甲连坐制，加强对党、政、军各级官员和人民群众的严密监视和严格控制。

再次，在经济上蒋、宋、孔、陈四大家族依靠借款、贷款、筹措军费、发行公债等手段，攫取了大量财富，形成了官僚资本垄断集团。他们通过四行（中央银行、中国银行、交通银行、中国农民银行）、二局（中央信托局、邮政储金汇业局）垄断了中国的金融；又通过各种非经济手段，凭借手中特权，排挤民族工业，逐步垄断了全国的商业、工业、农业、交通运输业以至电影、广播、新闻、出版等文化事业。四大家族和国家政权相结合，并与帝国主义、本国地主阶级、高利贷资本、旧式富农勾结在一起，形成了国民党军阀统治的基本力量和比较雄厚的经济基础。这一点是北洋军阀不可比拟的。

最后，在文化上实行专制主义。1934年，蒋介石发起所谓"新生活运动"，提倡尊孔读经，"挽救国魂"。他把所谓四维（礼义廉耻）、八德（忠孝仁爱信义和平）称作民族精神，把"智、信、勇、严"称作军人精神。实际上是以封建的伦理道德来统治人心，禁锢人们的思想，对人民实行精神统治；排斥马克思主义和革命思想的传播，进一步愚弄和麻痹全国人民，让广大人民俯首帖耳地接受他们的法西斯独裁统治。在国民党新军阀的统治下，中国继续军阀混战。1929年3月爆发第一次蒋桂战争；10月又发生蒋冯战争；12月，再次发生蒋桂战争；不久又发生蒋唐（唐生智）战争。

上述战争均以蒋介石的胜利而告终。1930 年 1 月，阎锡山反蒋，得到冯玉祥、李宗仁的支持，5 月中旬，蒋、阎、冯的中原大战爆发，经过混战拼杀，因张学良拥蒋和参战，冯、阎再次失败。从此，蒋介石确立了在各派系军阀中的优势地位，巩固了自己的统治。军阀混战中，壮丁死亡数十万，伤无数，给人民造成了空前深重的灾难。

在国民党新军阀的统治下，政府继续投靠帝国主义，出卖民族利益。帝国主义对中国的侵略和掠夺更加变本加厉。为阻止中国革命，在北伐战争中，除英帝国主义制造"万县惨案"外，英、美帝国主义竟然炮击南京中国军民，制造了"南京下关惨案"。日本帝国主义制造"济南惨案"，竟将中国外交官蔡公时割掉耳、鼻、舌，挖去眼睛之后，与署内其他人一起杀害了。南京政府对帝国主义的这些罪恶暴行非但不予以追究，反而向他们"道歉"，一味妥协退让，恬不知耻地向日本保证负责保护其在华日本人的生命财产安全。1938 年，南京政府制造所谓"修约"骗局,扬言要实现关税自主和废除领事裁判权,但几年里一个问题也没有真正解决。

1931年5月。国民党政府宣布停止撤销领事裁判权的交涉,所谓"修约"问题不了了之。1931年,日本帝国主义制造"九一八"事变,悍然发动对中国的公开武装侵略。国民党政府执行不抵抗政策,拱手把东北三省让给了日本。1932～1933年5月,国民党政府又与日本相继签订了丧权辱国的《淞沪停战协定》和《塘沽协定》。1935年,又签约《何梅协定》和《秦土协定》,出卖了河北和察哈尔的主权,华北面临严重危机。

1937年,日本帝国主义向中国发动全面进攻,国民党政府在全国人民抗日高潮的推动下,勉强做了15个月的正面抵抗。之后,便在"消极抗日,积极反共"的错误方针指导下一溃再溃,一退再退,一直退到西南一隅,坐山观虎斗,梦想坐收渔人之利。1940年3月,国民党副总裁汪精卫竟率领一部分国民党员叛国投敌，成立伪南京国民政府，成为可耻的汉奸集团。

在抗日战争期间，日本帝国主义强占中国大片领土，实行残酷的殖民统治，对沦陷区实行"竭泽而渔"的掠夺政策，致使中国人民冻饿而死者不计其数。而国民党政府置人民死活于不顾，他们除大发国难财之外，又在"曲线救国"的幌子下叛变投敌。据统计，截至1943年8月，投敌的国民党中央委员20人、高级将领58人、军队50多万人，这些军队均被改变成了"皇协军"将枪口倒转向自己的同胞。抗日战争胜利后，国民党政府又卖身投靠美帝国主义，并在美帝国主义的支持下，挑起中国内战，继续实行独裁、内战、卖国三位一体的反动政策，直至它垮台。

在国民党新军阀的统治下，革命者遭到镇压，进步人士受到迫害。1930～1934年，蒋介石调集重兵对中央苏区和红军进行了五次"围剿"。蒋介石在屠杀共产党员和革命群众的同时，还极力迫害进步人士。1947年10月，国民党政府竟宣布"民盟"为"非法团体",取缔一切爱国的民主党派,更进一步暴露了其独裁卖国的反动嘴脸。

在国民党新军阀的统治下,民族资本受到排挤,通货膨胀,生产凋敝,民不聊生,经济完全崩溃。1927~1931年,上海市倒闭、改组的民族资本企业有500家,著名的民族资本企业南洋兄弟烟草公司被宋子文霸占,荣氏中新总公司也几乎被吞并。因此,到1943年民营资本只占全国资本总额的31%。抗日战争胜利后,由于物价猛涨,捐税繁重,美货大量倾销,民族资本遭受更大打击。据不完全统计,1946年下半年的5个月中,上海、天津、重庆、汉口、广州等20多个城市,倒闭的工厂和商店就有2.7万多家。1948年上半年,平、津两市民营工厂倒闭十之七八。到1949年,民族资本只占全国资本总额的10.85%。抗战胜利后的通货膨胀更达到惊人的地步,如以抗战前的物价为标准,至1947年7月物价上涨了6万倍,到年底则达14.5万倍。法币100

元，1937 年能买两头牛，到 1946 年买一个鸡蛋，到 1947 年只能买 1/3 盒火柴了。到 1949 年 4 月，物价又比 1948 年 8 月上涨了 8.38 万倍。在国民党各种暴政的压迫下，加之自然灾害，农业经济急剧衰退。1947 年，农户总产量比 1936 下降 40％以上；1949 年全国粮食总产量比 1936 年降低了 24％以上。广大劳苦大众在战乱、失业、通货膨胀的逼迫下，在地租、捐税的盘剥下，在自然灾害的袭击下，生活的恶化程度更不可言状。亿万人民挣扎在死亡线上，1946 年饿死 1000 万人，1947 年各地饥民 1 亿以上。

面对着一个灾难深重、四分五裂、处在亡国灭种边缘的旧中国，中国共产党人在马克思主义光辉旗帜的引领下，不管是大革命失败后的血雨腥风、还是引兵井冈的星星之火；不管是第五次反围剿失败后的万里跋涉，还是扎根陕北后的艰难岁月；不管是面对日伪军的疯狂扫荡，还是面对国民党撕毁停战协议悍然发动内战，从不妥协、退缩，带领着亿万中华儿女突破了前方的重重阻力，为了建立一个崭新的社会主义国家，实现民族独立和人民解放的近代历史任务，为之奋斗了整整 28 年，终于在 1949 年推翻了"三座大山"，结束了蒋家王朝的统治，并于 1949 年 10 月 1 日向世界宣告中华人民共和国正式成立。

中华人民共和国的成立，宣告中国人民当家做主的时代已经到来，具有五千多年文明历史的中华民族从此进入了发展进步的历史新纪元。

首先，帝国主义列强压迫中国、奴役中国人民的历史从此结束。中华民族开始以崭新的姿态屹立于世界民族之林。

其次，军阀割据、战乱频发、匪患不断的历史从此结束。国家基本独立，民族团结，社会政治局面趋向稳定，各族人民过上了安居乐业的生活。

再次，本国封建主义、官僚资本主义统治的历史从此结束。长期以来受尽欺压和奴役的中国人民在政治上翻了身，第一次成为了新社会、新国家的主人。

最后，中国共产党成为了全国范围内的唯一执政党。它可以运用国家政权凝聚和调集全国力量，巩固民族独立和人民解放的成果，理解并发展社会生产力，造福于民、造福于国家和社会。

总之，中华人民共和国的成立，标志着中国新民主主义革命取得了基本胜利，更标志着半殖民地半封建社会的结束和新民主主义社会在全国范围内的建立。近代以来中国面临的第一项历史任务，即求得民族独立和人民解放的任务基本完成。这就为实现第二项历史任务，即实现国家繁荣和人民富裕，创造了前提和基础，开辟了可继续前行的道路。

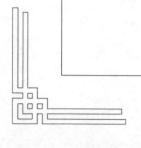

二、近代中国的社会性质与特征

（一）近代中国社会的半殖民地半封建性质

认识中国近代社会的性质，就是认识近代中国的基本国情，这是认识中国一切社会问题和革命问题的最基本依据。

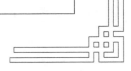

1. 近代中国的经济具有半殖民地半封建的性质

中国的半殖民地半封建社会，是近代以来中国在外国资本主义势力的入侵及其与中国封建势力相结合的条件下，逐步形成的一种从属于资本主义世界体系的畸形的社会形态。

帝国主义的入侵对中国的经济起了很大的分解作用。封建的自给自足的自然经济遭到破坏。但是，封建剥削制度的根基地主阶级对农民的剥削，不但依然保持着，而且同买办资本和高利贷资本的剥削结合在一起，在中国经济生活中，占有显著的优势。民族资本主义有了某些发展，并在中国的政治、文化生活中起了很大的作用，但是，它没有成为中国社会经济的主要形式，它的力量还很弱小，他们的大部分与外国帝国主义和封建主义之间有或多或少的联系。买办官僚资本恶性膨胀，外商企业不断增加。由此构成近代中国多种经济成分和经济力量并存的混合经济结构。中国不再是单一的封建经济，而是半封建经济。近代中国经济具有半殖民地性质。资本-帝国主义垄断了中国的财政，控制了中国的经济命脉。资本-帝国主义控制和垄断了中国的海关和对外贸易，为其向中国倾销商品和掠夺原料提供了方便的条件。它们还控制了中国的海上、内河和空中的交通运输业，为其侵略解决交通运输问题。外资企业垄断了中国的重工业，在轻工业方面也占有优势。它们还通过办银行，控制和垄断中国的金融业，并通过金融业向中国输出资本，进行经济侵略。资本-帝国主义入侵，打击了中国城乡的农业和手工业，并使中国的农业生产成为外国资本-帝国主义的原料供应地。中国的农产品出口和农业生产服从资本-帝国主义的需要。中国近代工业也带有殖民地半殖民地性质。中国的民族资本主义工业主要从事轻工业和民用工业，或者是为外国资本服务的修理厂和加工厂。民族资本主义工业数量少，规模小，在资金、技术、材料、市场销售等方面依赖外国资本，受其控制和压迫。资本-帝国主义培植的中国买办阶级，在商品贸易、航运、金融及工厂企业和各通商口岸，为资本-帝国主义服务。

2. 中国沦为形式上独立的半殖民地半封建的国家

半殖民地是指民族不独立，国家领土和主权遭到破坏。半封建是指封建制度开始崩溃，但没有成为独立的资本主义。鸦片战争以来，世界上大大小小的帝国主义都曾经侵略过中国。它们通过侵略战争，强占中国的大片领土，夺取无以计数的特权。中国的几乎全部领土都被划分为各帝国主义的势力范围，所谓"租界"、"租借地"，实际上已成为殖民地。中国丧失了完整的领土和主权，中国不再是独立的封建国家。由于各帝国主义之间的矛盾，更主要由于中国人民的反抗和斗争，中国成为多个帝国主义统治的半殖民地国家。帝国主义为了统治中国，极力保持和扶植腐朽落后的封建势力的统治。封建统治者甘当帝国主义的奴才和帮凶。他们不仅以出卖主权来获得帝国主义的支持，维持其反动统治，还以横征暴敛所得来供奉帝国主义，成为帝国主义的收税吏。他们用武力镇压中国人民，以巩固帝国主义的统治，封建统治者成为名副其实的帝国主义统治中国的工具。可见，近代中国的封建主义专制统治，只是一个形式，实质上是受帝国主义控制和操纵的。帝国主义文化与封建文化结合，为帝国主义和封建统治服务。帝国主义文化是帝国主义麻痹和愚弄人民的殖民地文化，二者的结合，正好体现近代中国文化上的半殖民地半封建性质。

（二）中国近代社会的基本特征

从 1840 年鸦片战争开始，外因资本主义、帝国主义侵入中国，使中国由封建社会沦为半殖民地半封建社会，而中国半殖民地半封建社会具有不同于封建社会、资本主义社会、社会主义社会的特点。只有了解它的特点，才能了解这个半殖民地半封建社会的国情。中国半殖民地半封建社会具有以下六个特点。

1. 帝国主义是半殖民地半封建中国社会的支配者

帝国主义列强靠着大炮，靠着侵略战争，把中国打败后，侵占了中国一部分的领土，索取了中国的巨大赔款，强迫中国订立了许多不平等条约，取得了在中国的许多极不合理的特权。从而操纵了中国的经济、政治、军事，控制了整个中国。

①经济方面。外国资本主义，帝国主义在中国的投资，1840～1902 年达 8 亿美元；1914 年又增加一倍，达到 16 亿美元。这个投资总额，超过他们对印度的投资。帝国主义来华投资，就是为了获取利润，否则他们是不会干的。他们到底在华获得多少利润，很难计算出来，仅就事业投资一项而论，1902 年以来达

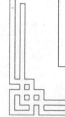

10 亿美元，可是它们这个时期从中国汇回国的利润却达 20 亿美元。

银行：银行在国民经济中占着很重要的地位，可以操纵财政经济，以至政治。帝国主义在中国办了不少银行，约有 60 多家大银行（不算分行），最大的有英国的汇丰银行、日本的正金银行、美国的花旗银行、法国的汇理银行、德国的德华银行等。据 1933 年调查，中国 149 家银行资本总额不超过 5000 万美元，而英国汇丰银行一家资本就达 1 亿美元。全国华商银行的总存款额约 7500 万美元，而美国花旗银行一家就达 3250 万美元。

工业：帝国主义在中国工业中势力很大，占着支配地位。

煤：1912 年帝国主义占整个中国煤矿土法开采总产量的 52.4%，1920 年为 50.9%。1912 年帝国主义占整个中国煤矿机械开采的总产量 91.1%，1920 年为 76.8%。

电力：帝国主义占我国发电总容量的 89%。

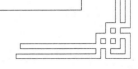

纺织：1897 年外国帝国主义占全中国纱绽的 40.7％；1913 年占纱绽的 41.2％，布机的 40.5％；1920 年占纱绽的 41.9％，布机的 49％。

②政治方面。虽然，外国帝国主义还不是直接在中国进行统治，但是它们在政治上实际上是起支配作用的。既然外国帝国主义操纵中国的经济命脉，而且在中国享有种种特权，必然也在政治上起支配作用。所谓它们在中国政治上起实际支配作用，就是指它们通过中国的代理人控制中国政府，使中国政府代表它们的利益，执行它们的政策。

③军事方面。外国帝国主义多次派兵进攻中国，一直驻兵中国，并供给中国各派军阀武器，派遣军事顾问到中国军队中，从而控制了中国的军队。

从上面情况可知，外国帝国主义操纵和控制了中国的经济、政治、军事，它们实际上成为了半殖民地半封建中国的支配者。因此，外国帝国主义是中国人民最大、最凶恶、最主要的敌人。

2. 封建势力在半殖民地半封建中国社会中占着显著的优势

帝国主义列强侵入中国后，虽然分解了中国自然经济的基础，迫令中国参加了世界市场，促使中国资本主义发展起来，但是，帝国主义决不是要把中国变为资本主义国家，让中国彻底消灭封建制度。相反，它们的目的，仅仅是要把中国变成它们推销商品的市场和原料、劳动力的供给地，以便获得最大的利润。为此，他们仍然要保持中国的封建势力。这样，封建剥削制度的根基——地主阶级对农民的剥削，不但依旧保持着，而且同买办资本和高利贷资本的剥削结合在一起，在中国的社会经济生活中，占着显著的优势。毛泽东说："就全国范围来说，在抗日战争以前，大约是现代性的工业占百分之十左右，农业和手工业占百分之九十左右。这是帝国主义制度和封建制度压迫中国的结果，这是旧中国半殖民地和半封建社会性质在经济上的表现。"由此可见，在整个国民经济中，封建经济是个严重势力，处于优势地位。根 1927 年 6 月《中国国民党中央执行委员会农民部土地委员会报告》的统计：全国农村共有 5600 万户，333000000 人口，其中 55％无土地，45％有土地，地主占有地人口的 14％，占土地 62％，加上富农共占有土地 82％。又据陈翰望《现代中国土地问题》统计，1929 年对江苏无锡 20 个村 1035 户农家调查：地主富农占农村人口的 10.3％，占耕地 65％；中农占农村人口的 20.8％，占耕地 30.8％，贫雇农占农村人口 68.9％，占耕地 14.2％。据估计，全国农村情况大致是，地主占农村人口 4％，占有农村土地的 50％；富农占人口 6％，占有土地 8％，中农占人口 20％，占土地 15％，贫雇农占人口 70％，占土地 17％。

这种土地占有的情况，迫使农民不得不租种地主的土地，而遭受地主的剥削。在中国，地租往往都采用实物地租，交纳办法有定租制与分租制。一般地租总要占到租地农民的五成以上，甚至达到八成。这种地租剥削，完全是一种封建剥削。此外，农民还要给地主做各种无偿的劳役，并向地主交纳各种贡品。这种封建剥削是很重的。

同时，这种封建地租剥削还同买办资本和高利贷资本的剥削结合在一起，贫苦农民借高利贷时，通常是春荒借粮，秋后还钱，一本一利，什么"驴打滚"、"现扣利"，"出门别"等。买办资本与封建地主勾结在一起，在农村推销商品、收购农产品时，往往都进行不等价的欺诈性剥削。

毛泽东在《湖南农民运动考察报告》中明确指出："宗法封建性的土豪劣绅，不法地主阶级，是几千年专制政治的基础，帝国主义、军阀、贪官污吏的墙角。打翻这个封建势力，乃是国民革命的真正目标。"

由此可知，封建势力在半殖民地半封建中国社会中占着优势地位，而地主阶级则是中国人民的主要敌人。

3. 民族资本主义在半殖民地半封建社会是软弱的

自鸦片战争外国资本主义、帝国主义侵入以后，中国的自然经济破坏了，中国民族资本主义也乘机发生与发展起来了。自民族资产阶级产生后，就在中国政治的、文化的生活中起了颇大的作用。如三民主义的提出，辛亥革命推翻清朝政府等。可是，资本主义没有发展成为中国社会经济的主要形式，资产阶级的力量是很软弱的，而且它们的大部分又和外国帝国主义和国内封建主义有着或多或少的联系。

据统计，全国工业仅占整个工农业生产总值的 10％，其中官僚资本又占了很大一部分的比重，而民族资本仅仅占了很小的比重。据统计，1947 年国民党政府资源委员会经营的企业，所占全国各行业的比例如下：电力为66％，煤 33％，钢铁 90％，钨锑 100％，锡70％，水泥 45％，糖 90％。1946 年官纺公司占全国纱绽的 49％，布机的 68％，棉纺的

39％，棉布的 74％。又据《经济周报》28 期估计，1946 年官僚资本占全国工业的 80％，民族资本只占 20％。中国民族资本主义是软弱的，它的特点表现如下：

第一，民族资本数量少，比重小。据解放后的统计，1949 年资本主义私营工业占的比重是：原煤 28.3％，烧碱 59.4％，水泥 26.1％，电动机 79.6％，棉纱 46.7％，棉布 40.3％，纸 63.4％，火柴 80.6％，面粉 79.4％，卷烟 8 亿 4％。据估计，1936 年中国民族资本的资产总值为 70 多亿元法币。据统计，1954 年全国私营工业全部资产不过 33 亿元，最大资本家荣毅仁不过 6 千万美元，而 1948 年美国摩根集团的资本就达 550 亿美元，我国全部民族资本不抵摩根集团资本的 1/39，荣毅仁资本不抵它的 1/2176。

第二，民族资本商业比重大，工业比重小，重工业比重小。在民族资本中，商业资本占了大部分，据 1936 年统计，约占 80％以上。又据统计，1954 年资本主义的商业，约占全国商业批发额的 76.1％，零售额的 85％。据 1949 年统计，在资本主义工业总产值中，消费资料占 18.5％，而机器制造工业仅占 1.4％。

第三，民族资本的工厂规模小，手工业比重大。据吴承明《中国民族资本的特点》一文估计，1933 年雇佣工人职工 30 人以上的工业企业中，纺织工业占全部职工总人数的 51％，占全部生产总值的 41.4％；食品工业占全国部职工总数的 6.7％，占全部生产总值的 20％。据褚汇宗《国际经济与中国》一文所载的国民党实业部对关内 11 个主要省份和上海、南京、汉口、北平四市的调查数字，到 1935 年为止，这些地区雇佣 30 个工人以上的工厂共有 1117 家，其中 30 人到 50 人的工厂 544 家，占全数的 48.7％；从 51 人到 500 人的工厂 517 家，占全数的 46.3％；500 人以上的工厂 56 家，仅占全数的 5％。又据 1954 年统计，资本主义私营工业 10 个工人以下的，占全国私营工业总数的 69.2％。

据统计，1933 年现代化工厂的产值只占全

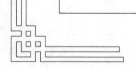

部工业产值的 28％，又 1953 年调查 15 万家资本主义工业企业中，有 11 万家是工场手工业，约占职工总数 60％以上。又据 1935 年《中国经济年报》所载国民党政府实业部关于"煤矿业调查报告"中称：中国煤矿业的开采，中外资本都在内仅有 5％完全使用近代机械，30％使用近代机械，而 65％却采用土着的旧方法。据 1947 年国民党政府经济部对 20 个主要城市工业的调查材料，在 14078 家工厂中，雇佣工人 682399 人，使用 827270 匹马力，平均每个工人使用 1.2 匹马力，而 1908 年美国每个工人平均使用 3.6 匹马力，1910 年德国每个工人平均使用 3.9 匹马力。

第四，民族资本对帝国主义依赖性较大，和地主买办者有不少联系。民族工业对帝国主义有较大的依靠性，它们所需要的机器设备都是靠外国进口。新中国成立前，上海私营纱厂 96％的纱绽、72％的布机都是靠外国进口；上海面粉厂 80％的磨（大磨 97％）是外国进口的。甚至民族资本所需要的原料也靠外国帝国主义，新中国成立前上海纱厂 99％用美棉，火柴厂用的白杨木也靠进口，上海面粉厂的小麦50％来自美国，毛纺厂 80％的羊毛靠外国进口，还有橡胶、染料等 80 多种主要原料全部都得靠从国外输入，至于电力、燃料更加依靠外国帝国主义。民族资本家很多人都是从地主、官僚转变来的，有的人就是地主兼资本家，他们与封建势力、买办资产阶级或多或少都有联系，而且他们的企业的经营管理采取不少封建主义的东西。由此可知，民族资产阶级在半殖民地半封建中国社会是软弱的，它不能成为革命领导者。

4. 中国半殖民地半封建社会的政权是地主买办阶级的专政

中国的经济制度是帝国主义在华的垄断资本制度、封建土地制度与官僚资本主义制度。这种经济制度必然决定着帝国主义、地主阶级、官僚资产阶级是中国社会的统治阶级。经济基础决定上层建筑，中国的这种经济基础决定国家政权必然是地主买办阶级的政权。清朝专制政权被推翻后，代之而起的是北洋军阀政权，这是一种地主买办阶级政权，代替它的是蒋介石国民党政权，也是地主买办阶级的专政。这些政权都是代表和保护帝国主义、地主阶级、买办资产阶级利益的，都是对广大人民进行残酷剥削和压迫的反革命专政。

由此可知，中国民主革命要想取得胜利，就必须推倒这个反动政权，建立革命的专政。

5. 中国人民在半殖民地半封建社会的压迫下，经济上的贫困和政治上的不自由程度是世界所少有的

在帝国主义、封建势力、官僚资产阶级残酷剥削与压迫下，中国的广大人民，尤其是农民日益贫困化以至大批破产，他们过着饥寒交迫且毫无政治权利的生活。中国广大人民经济生活上的贫困和政治生活上的无权利，在世界上也是少见的。

贫苦的农民一年中有半年是靠难消化的糠

和不耐饥的瓜菜来做粮食的；农民在穿的方面，多半是一个人只有一件单衣，一身破棉衣，没有铺盖的农民很多。一到荒年，农民便大批地流离失所，饥饿逃亡。不仅工人、农民，就连知识分子的生活也是清苦的。

中国人民在政治生活上是毫无权利的。广大人民只有受压迫的义务，没有民主的权利。资本主义国家有议会和民主制度，中国半殖民地半封建社会，根本没有国会。就这假民主制度也没有，只有独裁的一套。中国社会存在的是清朝封建专制制度，北洋军阀的独裁统治，国民党的一党专政。人民却没有思想、言论、集会、结社、罢工、游行等民主权利，既没有选举权又没有被选举权，而且社会上特务横行霸道，恶霸为非作歹。中国人民连最起码的民主权利都没有，人们不自由程度在世界上也是罕见的。

由此可见、中国人民要想改变这种经济上贫困和政治上无权利的状态，除了进行革命斗争，改变半殖民地半封建社会，别无其他出路。

6. 半殖民地半封建中国社会经济、政治、文化的发展表现出极端的不平衡性

由于中国半殖民地半封建社会是由许多帝国主义统治，由于中国长期处于军阀混战不统一的状态，又由于中国的土地广大，因而中国经济、政治和文化的发展表现出极端的不平衡。这个半殖民地半封建社会的特点，是关系着中国革命及其胜利的道路的，否认它就可能在革命中犯错误，从半殖民地半封建中国社会的几个特点可知：帝国主义、封建势力、官僚资产阶级是压在中国人民头上的三座大山。帝国主义是封建势力和官僚资产阶级维持其反动统治的靠山，封建势力和官僚资产阶级是帝国主义统治中国的两根支柱。它们结合起来对中国的统治，是造成近代中国社会经济不能发展、政治不能进步的根本障碍。

（三）近代中国阶级关系的变化

随着近代中国从封建社会逐步演变为半殖民地半封建社会，中国社会的阶级关系也发生了深刻变化，不仅旧的阶级发生了变化，还有新的阶级产生出来。

旧的封建统治阶级即地主阶级继续占有大量的土地，掌握着国家政权，对人民实行专制统治。不过，地主阶级本身也发生了某些变化。比如，晚清时期，由于镇压太平天国起义，出现了一批因军功而升迁的官僚地主。他们在兼并土地和剥削农民方面，比一般的地主还要厉害得多。如曾国藩的湘系集团、李鸿章的淮系集团的将领，回乡后都大量霸占土地。民国时代，大大小小的军阀也都直接用武力兼并土地。又如，由于近代城市的发展、农民战争的冲击和乡村社会的动荡，有些地主从乡村

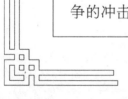

迁往城市成为城居地主。一部分地主将土地剥削获得的货币投资于资本主义工商业。有的附股外国企业，有的入股洋务企业，有的直接创办或参股民营企业，转化为资本家。不过，大多数地主仍主要依靠地租剥削生活，一些城居地主也往往兼营土地、高利贷和工商业。农民和地主阶级的阶级矛盾，不仅没有缓和，而且更加激化了。

旧的被统治阶级即农民阶级，仍是近代中国社会人数最多的被剥削阶级。由于土地兼并的加剧，不少自耕农失去土地，向贫农或雇农转化。有些农民破产或失去土地后流入城市，成为产业工人的后备军。近代中国的农民由于社会地位低下，受压迫、剥削严重，生活状况极度恶化，所以具有强烈的革命要求，是中国民主革命的主力军。但是，由于其作为小生产者的保守、散漫、狭隘等阶级局限性，农民单凭自身的力量不可能求得解放，更不可能把反帝反封建斗争引向胜利。近代中国诞生的新兴的被压迫阶级是工人阶级。它的来源主要是城乡破产失业的农民、手工业者和城市贫民。中国工人阶级首先产生于外国资本主义在中国开办的企业里。鸦片战争以后至甲午战争前的五十年间，外资在中国各通商口岸先后建立了包括船舶修造业、出口加工业和口岸码头等 100 多个工厂，在这些企业里雇佣中国工人 3.4 万人，这就是近代中国第一批产业工人。因此，它是先于中国的资产阶级而产生的。在 19 世纪 60 年代后洋务派创办的大型军用工业和民用企业以及 70 年代以后的中国民族企业中，又雇佣了一批产业工人，约有 3 万人；最后，在从 70 年代开始兴起的本国民族资本工矿企业中，又涌现出一批产业工人，有 3 万余人。这样到 1894 年前，中国近代产业工人队伍约有 10 万人。早期中国工人阶级人数不多，却是中国新生产力的代表。它自身受帝国主义、封建势力、资产阶级三重压迫，工时极长、工资极低、劳动条件极为恶劣；大批厂矿普遍存在封建把头制度；广大工人受着严重的剥削，在法律上无任何权利保障；资本家甚至大批雇佣女工和童工，更加重了对工人剥削的程度。所以，中国工人阶级所受的剥削与压迫，在世界上也是最残酷的。在外国资本主义和本国封建主义的压迫下，中国工人阶级从一开始就进行了英勇的斗争，因此他们虽然受剥削最深，但同时革命性也最强，而且它还有组织纪律性强、集中、团结、与广大农民有着天然联系等优点，因此是近代中国社会最具革命性的阶级。

中国资产阶级也是近代中国新产生的阶级。它不是像欧美国家那样，在原有手工业工场比较发达的基础上，由手工业工场主和包买商等演变而成，而是在外国资本主义入侵的影响和刺激下，主要由一些买办、商人、地主、官僚投资新式企业转化而成。近代中国的买办，是半殖民地中国的产物。他们最初是充当通商口岸外国洋行的雇员和代理人，在帮助外国资产阶级积累资本的过程中，通过获取佣金、分红、利息等手段积累财富，并利用与外国侵略势力及封建势力的密切关系，提高自己的政治、经济地位。由于同外国资本主义有较多的接触和了解，他们有的投资附股外国洋行，有的则投资洋务企业或协助洋务派官僚创办和经营企业，也有的直接创办和投资于民族工业。部分中国旧式商人如一些盐商、沙船主、钱庄老板、票号商人等，或经营资本主义商业或投资于洋务企业与民族企业。还有一些华侨商人，在国内投资或回国创办经营新式企业。一些地主、官僚，也开始把从地租剥削和贪污、搜刮积累起来的财富投资于工商业。从19世纪70年代开始，中国民族资本兴办的新式企业逐步发展起来。

中国资产阶级的来源不同，构成比较复杂。其中有一部分是官僚买办资本家。他们是大官僚与大买办的结合，利用政治特权和外国资本紧密联系，在剥削劳动人民和压迫民族资本的过程中，逐渐形成和发展起来的。

中国资产阶级的另一部分是民族资本家。他们经营的企业由于原始积累不足，大多数规模小，设备落后，并受到外国资本主义和本国封建主义及官僚资产阶级的压迫，发展缓慢，始终未能在中国社会经济中占主要地位。民族资产阶级同外国资本主义、本国封建主义仍然有着千丝万缕的联系。由于工业不发达，商业畸形发展，工业资本家未能成为资产阶级的主体。有的资本家同时在农村占有大量土地，或者还保留着封建官职、官衔，从而集地主、官僚、企业主的身份于一身。正因为如此，中国的民族资产阶级在政治上表现出两面性。他们与外国资本主义和本国封建主义既有矛盾、斗争的一面，又有依赖、妥协的一面。他们在一定条件下可以参加反帝反封建的革命或者在斗争中保持中立，但是缺乏革命的彻底性，不可能引导中国的民主革命走向胜利。

三、近代中国的主要矛盾与历史任务

（一）近代中国社会的主要矛盾

近代中国社会存在两大危机：一是日益严重的民族危机。帝国主义通过侵略战争，强占中国领土，划分势力范围，中国的主权和领土受到严重破坏，中华民族经历着空前的劫难。第一次鸦片战争，割让香港给英国，开放 5 个

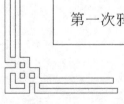

通商口岸，国家主权受到破坏，中国开始丧失独立自主的地位。第二次鸦片战争，中国进一步丧失大片领土和主权。帝国主义侵略由沿海深入内地。甲午战争以后，帝国主义掀起瓜分中国的狂潮。1897 年山东以及黄河中下游划分为德国的势力范围；辽东半岛和整个东北地区成为沙俄的独家管辖地；云南、广东、广西成为法国所控制的地区；香港、九龙以及长江流域的广大地区划为英国的势力范围；福建成为日本的势力范围。美国取得了粤汉铁路的修筑权和贷款权。美国提出的"门户开放"政策，使各帝国主义在争夺和瓜分中国中所产生的冲突也趋于缓和，符合各帝国主义当时对华关系的基本需要。这一政策要求各帝国主义采取一致行为扶植清王朝以巩固其统治，使中国成为各帝国主义共同宰割的对象。甲午战争以后，祖国的大好河山，北起黑龙江，南到云南、广东、广西，几乎都被各帝国主义分割成一块一块的势力范围。在漫长的海岸线上，几乎找不到一个可供中国海军停泊的港口。中国的领土和主权遭到肆无忌惮的践踏。丧失领土和主权的中华民族，失去了生存的基本条件和基本权利，中华民族面临灭国灭族的严重危机。救亡图存保国保种，挽救民族危机，成为近代中国迫切需要解决的严重问题。

二是社会危机的加深。帝国主义的侵略和掠夺为其积累了财富，为中国积累了贫困。帝国主义通过侵略战争，把中国变成世界各帝国主义商品倾销的市场和投资场所，并且获得了巨额赔款。巨额的赔款直接导致了中国的贫困。据统计，鸦片战争至清王朝垮台，中国对外赔款 13 亿两白银，中国平均每年负担的对外赔款达 1850 万两白银，这些赔款几乎把中国推向绝境。帝国主义的疯狂掠夺和野蛮破坏使本来就贫困落后的近代中国更加雪上加霜。封建统治者和买办阶级依仗帝国主义的支持，大肆搜刮民脂民膏，满足自己的需要，也以此来供奉帝国主义，靠其维护封建主义的统治。帝国主义的疯狂掠夺和封建势力的残酷剥削，使中国民穷财尽。在帝国主义和封建势力的排斥和打击下，代表中国新的生产关系而且是最有利于促进生产力发展的民族资本，先天畸形，多灾多难，力量弱小，自身难以得到正常发展，发挥不了促进中国近代经济发展的作用。代表新生产力的中国工人阶级，人数少，力量小，社会地位极其低下，也难以独自推动中国生产力的发展。处于解体状态的自然经济条件下的广大农民日益贫困甚至大批破产，更谈不上推动中国近代经济的发展。连绵不断的军阀混战，致使中国经济又不断遭受严重破坏。生产力水平低下的近代中国，连简单再生产都难以维持，中国经济极度贫穷落后，广大人民过着饥寒交迫的生活，中国人民的贫困程度，是世界罕见的。中国成为近代世界文明的落伍者，贫穷落后的经济直接影响到中华民族的生存。帝国主义和封建统治阶级相勾结，控制中国的政治、军事、经济、文化等各个方面。各帝国主义为了他们各自在华的利益，往往联合起来共同镇压中国人民的反抗和斗争。封建统治者为了维护自己的统治也疯狂镇压人民革命运动。在帝国主义和封建统治的双重压迫下，近代中国没有任何民主制度和形式，中国人民不自由的程度、无政治权利的生活是世界罕见的。帝国主义文化和封建文化组成的旧文化，是帝国主义和封建统治经济、政治的反映，也是为巩固其半殖民地半封建社会制度而服务的。这种旧文化成为阻碍近代中国新文化和新思想的巨大障碍。由于帝国主义和封建统治者的压迫和剥削，贫困落后的中国大地上，尽管有新的学校，有了一些科技人才，但教育和科技总体水平远远落后于世界发展水平。帝国主义的侵略和封建主义的统治，使中国国家领土被割裂，独立主权被剥夺，经济、文化的发展受到严重的束缚和压抑，人民过着极其悲惨的生活，中国社会危机日益严重。

半殖民地半封建的中国，阶级结构尤为复杂，帝国主义是统治中国的反动力量。地主阶级和官僚买办资产阶级成为帝国主义统治中国的主要支柱和社会基础。中国的民族资产阶级是近代中国新兴的阶级，但他们不同于欧洲的资产阶级。中国民族资产阶级一直受到帝国主义和封建统治的束缚，同帝国主义和封建势力有矛盾，有革命的要求；同时，又在不同程度上与帝国主义和封建势力有一定联系，有妥协性和软弱性，在多数情况下同情或参加革命。中国的中小资产阶级由于受帝国主义和封建势力的压迫，不但要求革命，而且他们中的一些知识分子在革命中扮演了重要角色。中国农民占人口总数的绝大多数，受帝国主义和封建主义的剥削和压迫，过着极度贫困和毫无政治权利的生活，他们是革命的主力军。中国工人阶级是新生产力的代表，是最进步的阶级，身受三种压迫（帝国主义的压迫，资产阶级的压迫，封建势力的压迫），革命最彻底。尽管工人阶级人数很少，但他们成为中国革命最基本的动力。这些阶级由于他们在社会经济中所占地位不同而显示出他们各自的特点以及对中国革命的不同态度和立场，构成近代中国复杂的社会结构和阶级关系。复杂的阶级关系和社会结构，产生复杂多样的社会矛盾。除了原有的封建地主和农民阶级的矛盾外，又增加了帝国主义和中华民族的矛盾，封建主义和人民大众的矛盾，资产阶级和无产阶级之间的矛盾，各封建势力之间的矛盾，各帝国主义之间的矛盾等。在众多矛盾中，帝国主义和中华民族的矛盾，封建主义和人民大众的矛盾是近代中国社会的主要矛盾。这两对主要矛盾及其斗争贯穿整个中国半殖民地半封建社会的始终，并对中国近代社会的发展变化起着决定性的作用。

中国近代社会的领队矛盾是相互交织在一起的，其中，帝国主义与中华民族的矛盾又是最主要的矛盾。因为在半殖民地半封建的中国，压迫和阻碍中国社会向前发展的主要力量，正是帝国主义和封建统治的相互勾结，而帝国主义的民族压迫是最大的压迫。帝国主义是中国人民第一个和最凶恶的敌人。

帝国主义是近代中国一切灾难和祸害的总根源，是阻碍中国社会发展的首要力量。据不完全统计，从鸦片战争到八国联军战争，外国帝国主义通过一系列战争，强迫中国签订的不平等条约 300 多个（包括各种损害中国人民利益的章程、合同或专条）。通过战争和不平等条约，帝国主义从中国先后勒索赔款多达 10 亿两白银，先后强迫中国开放的沿海和内陆通商口岸约达 50 个，割让香港、台湾、澎湖等沿海岛屿；英、法、美、日、俄、德、比、意、奥等国先后在中国 17 个城市分别开辟数十处租界，中国的海关完全被外国人掌握；外国的舰船不仅可以任意进出中国沿海口岸，而且还取得了内河航运权；帝国主义将中国划分为各自的势力范围，甚至在战略要地派驻军队，直接控制和操纵中国的政治和军事；帝国主义控制了中国的内外交通和对外贸易，并在中国各地办工厂，开矿山，修铁路，建银行，操纵中国的经济和财政命脉。

此外，他们还利用办学校、发行报纸、传教和办慈善事业等方式进行精神渗透和文化侵略。帝国主义势力深入了中国各个领域，从政治、军事、经济、文化等方面牢牢控制了中国，成为阻碍中国社会进步的首要力量。帝国主义还扶植封建统治者和官僚买办资产阶级，把这些封建势力当成他们统治中国的工具，成为中国反动势力的总后台。在各帝国主义的操纵和支持下，各封建军阀连年混战，给中国人民和社会的发展带来了严重灾难。帝国主义勾结封建统治者排挤和打击中国的新兴阶级，阻碍和扼杀中国现代化和生产力发展，使得中国的资本主义不能正常发展，中国的现代工业数量极少，是近代中国经济落后、人民生活极端贫困的重要原因。帝国主义还是镇压中国人民革命的罪魁祸首。中国近代的太平天国运动、义和团运动、辛亥革命等革命运动都是被帝国主义直接镇压或者勾结封建统治联合镇压而失败的。

帝国主义在中国的罪恶行径，使中国步入亡国灭族的绝境，是阻碍中国社会发展的根本原因。鸦片战争以来的历史证明，帝国主义和中华民族的矛盾成为近代中国最主要的矛盾。封建主义也是近代中国社会发展的主要障碍，封建主义和人民大众的矛盾成为近代中国社会另一个主要矛盾。中国封建主义为了维持自己的反动统治，同帝国主义侵略势力狼狈为奸、互相勾结，成为帝国主义统治和奴役中国的工具。封建主义在帝国主义的侵略和扩张面前屡战屡败，妥协投降，签订一系列丧权辱国的条约，以出卖国家主权来换取帝国主义支持其反动统治。对内则疯狂镇压人民革命运动。他们公开与帝国主义勾结，联合绞杀和镇压太平天国和义和团运动，甚至无耻地执行所谓"宁赠友邦，勿与家奴"的反动方针。封建势力还伙同帝国主义排挤压制中国民族资本主义和现代工业发展。封建统治势力，对外勾结帝国主义，对内则残酷地统治和镇压人民，是近代中国最反动、最黑暗的势力，封建势力成为中国革命的对象。

中国近代历史演变的过程是帝国主义和中国封建势力相结合，把中国变成半殖民地半封建的过程，也是中国人民反对帝国主义及其走狗的过程。毛泽东指出，帝国主义和中华民族的矛盾，封建主义和人民大众的矛盾，这些就是近代中国社会的主要矛盾。而帝国主义和中华民族的矛盾，乃是各种矛盾中的最主要的矛盾。这些矛盾的斗争及其尖锐化，就不能不造成日益发展的革命运动。伟大的近代和现代的中国革命，是在这些基本矛盾的基础之上发生和发展起来的。

（二）近代中国的两大历史任务

鸦片战争后，中国成为半殖民地半封建国家。中华民族肩负起两大历史任务：一个是求得民族独立和人民解放；另一个是实现国家富强和人民富裕。

1. 争取民族独立和人民解放

近代以来，中国人民出了继续遭受本国残酷的封建压迫外，更遭受了外国帝国主义势力残暴的民族压迫。亡国灭种的阴影，笼罩在中

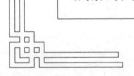

国人的心头。近代中国人民的斗争，主要是以挽救中华民族的危亡为出发点的。

在中国近代史上，世界上的帝国主义国家，几乎都曾经欺凌过中国；而近代中国的反侵略战争，从 1840 年反对英国侵略的战争直到抗日战争以前，无不以中国失败、被迫接受丧权辱国的条约而告结束。而主权逐渐沦丧，使中国只能任凭帝国主义在中华大地上予取予求，致使中国更加贫穷落后。在帝国主义和封建主义统治下，中国政治黑暗，没有民主，文化教育极其落后，根本没有能力和条件去扶持民族资本主义的发展。中国的资本主义一直受到帝国主义和封建主义压制，新的生产力难以发展。中华民族处处受帝国主义的控制和支配，中国没有能力和权力去解决经济、政治、文化教育、外交等问题。帝国主义的目的是要变中国为殖民地和半殖民地，绝不允许中国独立和富强，如果让中国发展成为独立富强的资本主义国家，帝国主义不仅会失去在中国的巨额利润，还将造就一个强大的对手，这是他们绝不允许的。近代史上，一些爱国人士和先进的中国人，期望走上资本主义道路，实现国家富强，他们搞的工业救国、教育救国、科学救国等主张之所以行不通，原因就在于此。中华民族连生存都得不到保障，哪里还有能力和力量去解决其他问题。民族独立是实现国家富强和经济发展的前提。民族独立成为近代中国的首要历史问题。

中国近代连绵不断的战争，可以分为对外和对内两类战争。其中，对外战争，即帝国主义发动的侵略战争，以及中国各阶级各民族共同反对帝国主义侵略的战争；而对内战争，即中国人民反对帝国主义和中国封建势力的战争。这两种战争都与帝国主义侵略有关，都是在帝国主义侵略压迫的背景下产生的，因为封建势力的后台就是帝国主义。两种战争的交替，反映了民族矛盾与阶级矛盾的谁主谁次，实质和根本目标是解决民族矛盾，争取民族独立。争取民族独立和人民解放是近代中国人民浴血奋战的基本目标。

民族独立是指改变民族被压迫地位，推翻半殖民地和半封建的统治，从根本上讲是解决生产关系的问题。当一种生产关系不适合生产力发展，成为阻碍生产力发展的障碍时，只有从根本上推翻这种生产关系，才能有利于生产力和社会的发展。腐朽落后的封建生产关系和封建剥削制度，使得中国越来越贫穷落后、生产凋敝、民穷财尽。帝国主义为了侵略和统治中国，凭借他们的军事政治实力竭力维护这种反动腐朽的生产关系，封建主义也拼命维护这种生产关系。中国要发展生产力，必须打碎腐朽的生产关系，建立新的生产关系。要打碎旧的生产关系必须首先打倒保护这种腐朽生产关系的半殖民地半封建的统治，改变民族被压迫的地位，争取民族独立和人民解放。民族独立是近代中国社会发展的内在要求。

2. 实现国家富强和人民富裕

实现国家富强才能真正实现民族独立。实现国家富强和人民富裕，从根本上看就是解决发展生产力的问题。生产力是社会发展的最终决定力量。生产力是社会经济、政治、思想、文化教育等关系产生的根源和强大动力，生产力发展水平影响社会经济、政治、思想文化教育的水平和发展。生产力发展又受生产关系的制约和影响，当生产关系适应生产力发展水平时，就会促进生产力发展，而旧的不适应生产力发展的生产关系就会阻碍生产力发展。

近代中国，由于封建主义的统治阻碍了生产力的发展，中国落后了。帝国主义用洋枪洋炮打开中国大门时，贫穷落后的中国曾经进行过反抗，但没有强有力的自卫能力和经济实力，只好任凭帝国主义胡作非为、民族受尽欺凌。落后就要挨打，主权随之丧失殆尽。挨打和主权丧失的结果使中国陷入更加贫穷落后的悲惨境地。实现国家富强，走向富裕，成为吃尽苦头的中国人民的共同愿望。大力发展生产力，实现国家富强，为真正的民族独立奠定坚实的物质基础是中国人民的必然选择。近代中国人民百折不挠地追求民族独立，最终目的是在追求国家的现代化和人民富裕。民族独立和国家富强各有其特殊的内容和要求，二者不能互相代替，但同时又是紧密联系在一起的。民族独立是实现现代化和富强的前提。

事实证明，没有民族独立，就不能实现现代化和国家富强。同样，实现现代化和国家富强，是实现民族独立的物质基础和最终目的，没有现代化，中国的经济、政治、文化永远落后，就不能实现真正的民族独立。同时，民族独立的目的就是追求现代化，实现国家富强，人民富裕。

四、近代中国
沦为半殖民地半封建社会的原因

同世上任何事物发展一样，人类社会的历史发展也是由低级向高级演变的，道路也是曲折的。

在古代和中世纪，当西欧某些民族还处在野蛮的蒙昧时期，中国就已率先一两千年登上了人类文明史的最初阶段；随后又在数千年的众多领域里创造出当时西欧人所望尘莫及的奇迹，被世界公认为"最先进的文明国家"，经济、文化和科技都居世界领先地位。从15、16世纪开始，世界处于由封建社会向资本主义社会转变的时代，18 世纪与 19 世纪之交，西方各主要国家，资本主义制度进一步确立，并全面展开工业革命，近代科学技术普遍繁荣，大机器工业在许多国家取得统治地位，与此同时，东方各国，尤其是中国却仍然酣睡在以小生产为主体的男耕女织的自然经济摇篮里，明显地从世界领先地位跌落下来。

这样，在人类社会的全局中，东西方的天平上出现了极大的不平衡：一方面是拥有先进社会制度和先进科学技术并拥有强大军事、经济实力的西方资本主义列强；另一方面是社会制度落后，科学技术落后，军事、经济软弱的东方封建诸国。东西方的巨大差距和列强的本质，决定了西方资本主义各国必然对东方各国进行疯狂侵略和海盗式的殖民掠夺。随着 1840 年鸦片战争的爆发，西洋的船炮炸开古老中国的大门，在其后的 110 年间，西方列强先后向中国发动了数百次侵略战争，强迫中国签订了 1100 个不平等条约，中国沦为半殖民地国家。马克思深刻指出："英国的大炮破坏了中国皇帝的威权，迫使天朝帝国与地上的世界接触。"

（一）黑暗的封建统治是
中国沦为半殖民地国家的内因

　　中国的封建社会，不但以时间长而鲜于世，而且以它完备和成熟程度而著称于世。它在社会形态、生产关系、政治体制、文化传统等方面，全有着厚重的历史土壤。因此，它的完备形态、有机调节机制等诸层次，是西方封建社会无法比拟的。虽然它曾创造出灿烂的文化，但它却成为孕育新社会制度的严重障碍。这是中国落后的根源。

　　各国历史表明，资本主义萌芽的发展，是从封建社会转向资本主义社会的伟大机制。中国早就有了资本主义萌芽，但是从一开始就遭到封建统治阶级的无情扼杀和社会氛围的禁锢。所以，经历几百年却仍不能冲破封建主义的僵士硬壳成长起来。这是因为：

第一，地主制经济占统治地位，是资本主义萌芽发展缓慢的经济原因。中国封建制度，经济结构基本上是地主制经济。基本特征是：在地主阶级土地所有制基础上，个体小农业和家庭手工业紧密结合的自然经济。自然经济是古代世界各国普遍社会形态。但中国的自然经济结构与中世纪的欧洲不同，欧洲是以农奴制的封建庄园为基本构成单位，而中国则以一家一户的个体农业为构成单位。欧洲是以大土地占有制为主的集中生产，中国则以封建贵族和地主土地占有和自耕农土地占有制为基础的个体分散经营。中国的土地私有和土地买卖政策，使土地的兼并与集中无法避免。封建的大面积土地占有制与生产过程中的个体性之间的矛盾发生周期性激化，造成了社会经济发展的长期迟滞。这就是中国从 16 世纪开始落后于西方的最根本原因，也就是中国资本主义萌芽无法发展的关键之一。

在地主制经济结构中，一是多数农民少地

或无地，受繁重地租、沉重徭役和赋税等各种封建盘剥，无力扩大再生产，购买力低下。二是经过两千多年的发展，形成了一个官僚、地主、高利贷者相结合的势力，用权势和金钱维护着封建铁序，地租很高，使社会货币财富投向土地或转向高利贷资本，阻碍了货币转向商业资本、产业资本。三是农民小生产者无法摆脱超经济的人身强制和人身依附关系，使资本主义萌芽的发展失去劳动力市场。所以，地主制经济，既不能提供手工业需要的必要资金、充足原料，又不能为商品经济的发展提供广阔的市场，也无法造成资本主义的劳动力市场，从而堵塞了商品经济发展的道路。这是中国资本主义生产关系不能很快发展的经济原因。

第二，高度中央集权的封建专制统治，是资本主义萌芽发展缓慢的政治原因。在中国，高度中央集权的专制主义始终是封建社会政治统治的基本形式。皇帝拥有至高无上的权力，成为中央集权专制主义政体的核心，是政治、经济和文化的绝对统治者。国家大权集于皇帝一身，形成政令、军令高度集中的大一统局面。由秦朝开始，构成自皇帝经宰相、郡守、县令再到乡官的一座金字塔式的中央集权的官僚政体结构。这种权力结构，成为全体社会成员的主宰，确保地主阶级统治的稳定，调节封建社会的运转秩序。在这种政治体制下，权力显示着无比尊严和有力，构成"权力中心论"的社会政治体制。封建官僚地主阶级垄断了一切经济、政治和社会权力。他们对社会经济、政治、文化权力的控制极其彻底而牢固。中央集权专制主义，在中国封建社会发展史上，虽然曾使分散孤立的农民在政治上连成一体，使中华民族成为一个稳固的共同体，并使中国成为一个统一的国家，为中国古代文明的繁荣与发展起了积极作用，故中国的封建社会结构能维持两千年之久。

但是，也正是这个中央集权专制，随着历史的发展，越来越成为中国社会前进的障碍。在中央集权和"大一统"思想主导下，万事总束于一，大权独揽，小权不放，不给地方任何权力，硬要在幅员辽阔的大地上，实行"大一统"的政策，客观上限制了发达地区的发展权，而且，这种"皇本位"的政治形态，一切听命、一切服务于"真龙天子"，亿万民众变成了毫无生机、毫无价值的"草民"，一切依赖皇恩浩荡，使民众相互分散与隔绝，造成民众的奴卑观念与依赖心理，使社会失去应有的活力。两千多年来，中国封建社会的政治经济结构始终是统一的。这种政治经济结构的高度统一，使封建地主阶级的统治有效地抑制了同这种社会结构相对立的社会经济政治力量的发展。说明中国封建统治者能够对任何一个地方出现的资本主义生产方式，进行有效的干预与控制。

特别是明、清两代，中央集权的专制政权更犯了越来越严重的错误，主要有：在经济方面，明、清两代在"重农抑商"方针下，对民间手工业在经营和开采矿山等，采取了严格的限制政策；在政治上，明、清两代对资本主义因素，实行横征暴敛、搜刮勒索；在文化教育方面，明、清两代对教育的轻视和高压政策，既使中国成为文盲充斥的国度，又在"文字狱"中使一批有才华的知识分子受到打击和迫害，将本来应成为实现近代化重要力量的知识分子队伍，变为封建统治者的殉葬品；在对外方面，明、清两代采取闭关锁国的政策，将中国自我封隔起来。在商品经济要求取代自然经济获得最广阔市场的世界潮流面前，中国封建专制主义统治者执行闭关自守的锁门政策，显然是不合潮流的。这种政策落后性表现在：它无视世界的巨大变化和进步可能给自己带来的致命威胁，仍以天朝大国自居，我行我素，精神麻木；它下令海禁，片帆不许下海，既限制中国工商业的发展，阻碍了中国新的生产力和新的阶级力量的产生与壮大，又断绝了同外国一切正当贸易的发展，必然引起外国资本主义列强的不满；它从维护封建专制主义统治出发，断绝中国同外国的一切外交关系，禁止外国人同中国人接触和一切交往，更加重了中国的愚昧与落后，以及封建统治者的昏庸；它傲然自大，最后屈膝求饶，被迫将中国大门全部敞开。正如马克思所说："与外界完全隔绝曾是保存旧中国的首要条件"，但却无法汲取异域文化的营养；最后，封建官僚们追求权力的机巧权术和穷奢极欲的腐化生活，严重损伤着民族凝聚功能和进取力量，阻碍了社会的发展。所有这些，构成中国资本主义因素发展的政治障碍。

第三，中国资本主义萌芽发展缓慢的思想文化原因。我们为悠久的历史而自豪，为灿烂的文化而骄傲，然而，我们也必须承认：历史是功绩与罪恶的混合，文化是文明与愚昧的集结。所以，在中华民族的血管里，既跳动着五千年文明的精华，也沉积着长期停滞时的糟粕。前者鼓舞和推动着我们奋勇直前，而后者又成为我们的负担和障碍，它阻碍了我们从中世纪迈向近代社会的历史脚步。中国传统文化曾经适应着中国封建社会发展的需要，推动了中国历史的进步，中国传统文化具有无与伦比的政治文化统一性和凝聚力，它强调人与自然和谐以及奉献精神，它注重天下为公、匹夫有责的义务感和社会责任感等，它的生命力、它的魅力和熠熠光彩，是我们应该极为珍视和自豪的。但中国传统文化毕竟是一种旧式农业文化，在整体上已不适应近代社会发展的需要，当世界向近代迈进的时候，它的糟粕部分便成了中国社会前进的巨大阻力，成为中华民族前进的历史负荷，成为扼杀资本主义萌芽发展的无形力量。

中国传统思想文化是一种旧式农业文化，是自然经济在意识形态的反映。在漫长的封建社会中，占统治地位的，在社会上层是以儒家为代表的封建主义文化；在社会下层则是道家的无为哲学。二者都糅合了经济、政治、法律、宗教、伦理、宗法等权威力量，蒙上了一层由礼法、政教、习惯、传统等势力交织的面纱。中国人对自己在道义上深信的优越性，以及了解本民族所表现出文化的丰厚方面和生活方式的庄严方面的优越，使得他们自认为中国的科学技术远胜过西方，认为西方自然科学有害于中国人心，西方的船坚炮利，并没有真正可取之处，科学技术即使有用，究非立国之本，自可不必重视。这些又得到历代封建统治者的推崇或提倡。这就使得西方先进的科学技术很难在中国人的精神价值标准上放出近代的光辉。从而形成了束缚迈入近代社会的一系列错误价值观念和价值取向，主要是：

在认知观念上，崇老敬古。以年龄代智商，以经验代真理。唯"上"、唯"忠"、唯"孝"的观念深入到社会各阶层的心灵中，成为维系皇权和家族中心主义的灵魂和伦理道德最强韧的维护力量。

在经济观念上，重农抑商，重义轻利，把人按士、农、工、商分为四等。视经商者为"小人"，并使之僵化为一成不变的传统。中国历代封建政权都采取"重农抑商"政策。这固然确保了农业的稳定性，但却造成社会经济形态与经济结构的惰性，小农经济网络牢牢地主导着中国的经济模式，导致新生产方式的难产。

在政治观念上，"读书做官"，显身扬名，崇拜皇权和追求权力的政治价值取向，占统治地位，贬低了人们献身科学技术的效能，抑制了开创近代先进生产力的努力。

在道德观念上，以"仁"和"礼"为中心形成了礼、义、廉、耻"四维"和仁、义、礼、智、孝、孝、悌、忠、信"八德"，成为维系旧制度阻碍新制度的精神武器。

在家族观念上，中国的农业与手工业紧密结合的经济结构，使家庭在社会生活中占据了极其重要的地位，形成以家族宗法制为核心的人际关系。家庭观念过强，造成人口暴增；尽孝超过尽忠，削弱了民族观念和国家意识。

在个人修养观念上，追求"内圣外王"，"内圣"指最高的独善的自修，讲究自身的涵养功夫；"外王"是要让人的这套功夫发挥作用，用来治国平天下。

在思维方式上，便是笼统的抽象性，缺乏个别研究与具体分析。重经验，轻论证，因此，中国虽有先进的技术，但缺少先进的科学理论和方法，重等级和权威，轻科学、技术。而且片面性相当突出，容易在事物的两个极端跳动。

在行为准则上，恪守中庸之道，"不为祸始，不为福先"、"和为贵"、"忍为先"、"难得糊涂"、"吃亏是福"等，缺乏竞争意识和进取精神。

此外，悠久的历史和灿烂的文化，使许多人背上自负的包袱，加上历代王朝的错误导向，产生了妄自尊大、不肯学习的毛病。在中国踏入近代以前，近代西方文明毫不客气地宣布，中国传统文明已经发挥完了自身固有力量中的一切成长更新的潜力。因而，近代中国的根本问题是如何把西方的技术力量运用于中国，这是大势所趋。无视西方的进步，故步自封，导致中国的落后，恰恰是因为中国伟大成就的本身。

综上所述，中国封建社会的经济、政治和思想文化路因素，铸成了封建主义的坚硬外壳，封闭了商品经济发展道路，窒息了商品经济的生机，削弱了商品经济发展的动力，因此，中国资本主义萌芽，始终不能冲破封建的僵土而成长起来，使中国比西方落后了整整一个历史时代。

（二）西方殖民主义的侵略
是中国沦为半殖民地并更加贫困的关键

中国自身的落后，绝对不会成为半殖民地国家。将中国社会推出人类社会正常发展的轨道、沦为半殖民地的元凶是西方殖民侵略者。

葡萄牙、西班牙等国是最早殖民侵略者的代表，英国是"后来居上"的"海盗国家"，商业战争、殖民地掠夺和贩运黑奴，是英国资本主义发展的基础。依靠自己在经济和军事上的实力，英国发动了对中国的侵略战争。鸦片战争后，殖民帝国主义强加给中国人民上千个不平等条约，将中国人民推入苦难的深渊。

在政治方面，鸦片战争后，中国的国门被打开，主权迅速丧失，迫使至尊的天朝皇帝与地上的世界接触，这种接触的结果，使"天朝"视角的地平线渐渐倾斜。国门打开，一是失去了神圣的主权，包括：海关主权、领海主权、司法主权、外交和内政主权的步步丧失；二是失去了大片的国土，包括：割去香港、西部、北部一百多万平方公里的国土和台湾省，还出现40多个"国中之国"的殖民地性质的租界地。清政府被迫在沿海、沿江和内陆边境地区开放的108个通商口岸，加上44个租界地、成为殖民者侵略基地。中国虽有自己的政权，但实际上，这个政权却不能保卫中华民族的利益，而成为外国侵略者的工具——"洋人的朝廷"。

在经济方面，中国出现了近代工业，却遭受西方侵略者疯狂的掠夺与剥削，中国愈加贫困。《南京条约》签订后的70年间，西方殖民者利用一系列的不平等条约，从中国共勒索了1000亿两白银，其中有17亿两白银的战争赔款，造成中国财政、金融严重枯竭。在国际贸易的名义下，2300 家外因商行掌握着中国对外贸易，从而控制了中国进口贸易 90%。90 家外国银行及其分支机构操纵着中国的外汇，经办对中国政府的贷款，投资开设工厂，大量发行纸币，形成对中国金融系统的垄断地位，又以投资和贷款形式控制中国经济命脉。帝国主义在中国经营贸易的户数，到 1913 年为 3805 家，到 1930 年为 8279 家，从而操纵了中国市场。它们还掠夺中国人力资源，进行"东方黑奴"的贩卖。

西方殖民者入侵，破坏了中国自然经济基础，有促进中国城乡商品经济发展的一面，从而中国出现了近代工业。但事实上，西方殖民者决不是要把封建的中国变成资本主义先进的工业国，而是要把中国变成它们的廉价原料与劳动力的供应地和倾销过剩产品的市场，是要把中国纳入国际殖民主义轨道，使中国成为由它们任意控制、摆布、宰割的附庸国。所以，中国虽然开始步入近代社会，但比任何国家都更艰难和损失惨重。被剥削，掠夺的财富要比自己办起的近代工业总资金多上百倍。

在思想和文化方面，在西方殖民主义者侵略下，使文明古国面临史无前例的文物大劫难，《永乐大典》损失殆尽，其他珍本图书损毁4600多册，"自元、明以来之积蓄，上自典章文物，下至国家奇珍，扫地遂尽"。

西方殖民主义者，在中国办起了一批各类学校。虽然也传授了一些有益的知识，但主要是为了训练他们在中国需要的人才，并从中选择一些人充实他们的知识分子队伍。这些学校虽然也有爱国人才，那恰是违背了教会学校的意愿而产生的。西方殖民者还在中国办了一批报纸和杂志，出版了不少书籍，其主要目的是为了宣扬他们"侵略有功"的强盗逻辑。

总之，封建主义的黑暗统治和殖民帝国主义的残暴入侵是中国社会前进的最大障碍，两者相互勾结，阻挡着中国历史车轮的前进。因此，为了实现中华民族的独立和人民的民主自由，中国迫切需要一场民族、民主革命运动。这正是中国革命发生和发展的另一渊源。